U0631142

"一带一路"的友谊

中国企业在吉尔吉斯斯坦

本书编写组　编著

中国友谊出版公司

图书在版编目（CIP）数据

"一带一路"的友谊：中国企业在吉尔吉斯斯坦 /
本书编写组编著 . —— 北京：中国友谊出版公司，2023.10
（丝路友谊丛书）
ISBN 978-7-5057-5707-3

I.①—… Ⅱ.①本… Ⅲ.①中资企业 – 友好往来 –
概况 – 吉尔吉斯 Ⅳ.① D822.236.4

中国国家版本馆 CIP 数据核字（2023）第 171456 号

书名	"一带一路"的友谊：中国企业在吉尔吉斯斯坦
作者	本书编写组　编著
出版	中国友谊出版公司
发行	中国友谊出版公司
经销	新华书店
印刷	三河市九洲财鑫印刷有限公司
规格	710 毫米 ×1000 毫米　16 开
	12.25 印张　169 千字
版次	2023 年 10 月第 1 版
印次	2023 年 10 月第 1 次印刷
书号	ISBN 978-7-5057-5707-3
定价	86.00 元
地址	北京市朝阳区西坝河南里 17 号楼
邮编	100028
电话	（010）64678009

丛书编委会

主任
李 鲲

副主任
杨学梅 张娓莹 葛宏峰

编委
孟 超 王 磊 徐 进
周亚灵 陈大力 刘翠竹

本书总顾问
阿地里·居玛吐尔地

本书特邀策划
卓若·玛买提艾山

序　一

2013年9月，习近平主席在哈萨克斯坦访问期间，在纳扎尔巴耶夫大学作题为《弘扬人民友谊，共创美好未来》的演讲，提出共建"丝绸之路经济带"。同年10月，习近平主席在印度尼西亚国会发表题为《携手建设中国－东盟命运共同体》的演讲，提出共同建设"21世纪海上丝绸之路"。"丝绸之路经济带"和"21世纪海上丝绸之路"的重大倡议统称"一带一路"。"一带一路"倡议体现了习近平主席高屋建瓴，创建人类命运共同体的宏伟思想。依靠中国与有关国家既有的双、多边机制，借助行之有效的区域合作平台，"一带一路"倡议以古代丝绸之路为历史符号，高举和平发展的旗帜，积极发展与沿线国家的经济合作伙伴关系，共同打造政治互信、经济融合、文化包容的利益共同体、命运共同体和责任共同体。

"一带一路"是国家级顶层合作倡议，今年是倡议提出的10周年。值此之际，我们推出一套"一带一路"题材的高质量丛书，为"一带一路"倡议10周年献礼。《丝路友谊丛书》以"'一带一路'的友谊"为题，既包含中国与"一带一路"沿线国家的企业、人员在交往过程中从相互了解、欣赏、信任到建立起深厚友谊之意，也意味着丛书是中国友谊出版有限责任公司作为"一带一路"共建国家出版合作体的一员，对共建成果的见证和记录。

2019年，国家主席习近平在吉尔吉斯斯坦《言论报》、卡巴尔国家通讯社发表题为《愿中吉友谊之树枝繁叶茂、四季常青》的署名文章，指出："2000多年的历史积淀，铸就了两国人民牢不可破的深情厚谊。建交以来，中吉关系经受住了国际风云变幻考验，两国风雨同舟、守望相助，是名副其实的好邻居、好朋友、好伙伴、好兄弟，在国际社会树立了相互尊重、平等合作、互利共赢的新型国家关系典范。"[1]本书是中吉友谊之树的硕果，是用生动语言讲述的中国故事，是用感人事迹搭建的中吉友谊之桥。本书收录的文章主要由"丝路新观察"全媒体之《丝路新观察》报提供，出自长年在吉尔吉斯斯坦第一线从事新闻工作，熟悉该国人文社会环境以及中国企业在中亚各国发展现状的资深记者之手。在本书写作过程中，记者多方调查，深入采访，精心撰写，用生动感人的故事充分展示了中国企业家筚路蓝缕、勇于开拓、奋发图强的精神。本书图文并茂、内容丰富，其中既有大展宏图，为"一带一路"建设做出重大贡献的中国石油、南方航空等央企的事迹，也有许多活跃在吉尔吉斯斯坦的民营企业家、中餐厅经营者、中医诊所大夫等各类鲜活人物的事迹。选取这样的角度，讲述我国企业家们的故事，令人耳目一新。其中展现的两国建设者的友谊是真诚的，是宝贵的，是真正意义上的"民意相通"。这种友谊也必然会一代一代地传承下去。

中吉两国山水相连，民心相通。近年来，各类合作项目不仅在数量上持续增加，在质量上也不断提高，并逐渐走向多元化。公路项目、铁路项目、天然气管道项目、煤炭项目、电力开发项目等或在设计建设中，或已经签署合约准备建设。2023 年 5 月在西安召开的中国 – 中亚峰会达成多项共识，令人关注的中吉乌铁路项目加快提上日程，这是一条连通中国、中亚、西亚以及欧洲的铁路大动脉，它的建成不仅会带动铁路沿线国家的发展，也必将为"一带一路"各国的互联互通、经贸物流往来带来重大利好。我们期待中吉乌铁路早日修建，早日开通，在为沿线各国人民带来经济繁荣的同时，也将友谊一路欢歌地传播开来。

中吉两国的文化交流源远流长，越来越受到两国人民的喜爱。李白的诗歌、鲁迅和艾特玛托夫的小说已经为两国人民搭起了心灵互通的文

---

[1] 见《人民日报》2019 年 6 月 12 日 01 版。

学桥梁；震撼人心的《玛纳斯》史诗则是两国人民共同的优秀传统文化遗产，已经由两国政府分别申报列入联合国教科文组织人类非物质文化遗产代表作名录。

　　长城是中国的象征，伊塞克湖是吉尔吉斯斯坦的象征，愿中吉两国友谊如长城一般绵延万里，像伊塞克湖一样圣洁无瑕。

中国国际文化交流中心副理事长
中信改革发展研究基金会理事长
莫 干 山 研 究 院 名 誉 院 长

序　二

首先，对《丝路友谊丛书》之《"一带一路"的友谊：中国企业在吉尔吉斯斯坦》一书的出版表示衷心祝贺！

长期以来，吉尔吉斯斯坦和中国一直睦邻友好，和谐共处。吉尔吉斯斯坦独立 32 年来，吉中关系得到深入发展。从建立外交关系开始，两国在经济、政治、文化等领域的合作不断加强。近年来，两国关系发展突飞猛进，已经提升为新时代全面战略伙伴关系。

10 年前，中国国家主席习近平在哈萨克斯坦首都阿斯塔纳提出并阐述"一带一路"倡议。在"一带一路"框架下，吉中两国关系进入了新的历史发展期。在双方元首及政府部门的大力推动下，两国在政治、经济、文化领域的合作交流取得了前所未有的成果。中国向吉尔吉斯斯坦提供了大量援助。通过"一带一路"的建设，吉尔吉斯斯坦的城市街道得到修复，公路交通不断改善。在其他领域，如商贸、电力等项目上出现了很多发展亮点。在国际关系领域，吉尔吉斯共和国和中华人民共和国互相帮助，开展密切友好合作。在吉尔吉斯斯坦的国有企业、私营企业和商人依法纳税，并且为当地群众提供了就业机会，为吉尔吉斯斯坦经济发展做出贡献。

在经济建设和发展领域，中国经验丰富，今天，在中国我们可以见到各种经济新模式。我们可以借鉴中国的丰富经验和积极成果，推动和发展我国的经济。

我祝愿两国规划中的大项目——中吉乌铁路项目尽快实施。我希望贝德尔口岸项目能够像吐尔尕特口岸、伊尔克什坦口岸一样，在两国政府的支持下建成和开放。我们两国之间开放的口岸越多，经济就会得到更快更好的发展。中国是我们最近的邻居和最亲密的政治伙伴，我祝愿我们的邻国中国取得成功。我愿中国人民与吉尔吉斯斯坦人民携起手来，成为世界各国经济、政治合作的榜样。

两国人民团结友谊万岁！

阿迪力·居努斯乌鲁

吉尔吉斯共和国总统公共事务顾问

阿迪力·居努斯乌鲁，1963 年出生于新疆维吾尔自治区伊宁市，本世纪初移居吉尔吉斯斯坦。曾任吉尔吉斯斯坦华人华侨联合会副会长（2001—2015）、吉尔吉斯共和国第六届国会议员（2015—2021），现为吉尔吉斯共和国总统公共事务顾问。

目　　录

1 | 当代"丝路"建设者
中国路桥在"一带一路"上的故事

2023年5月18日至19日，首届中国-中亚峰会在陕西西安举行，习近平主席主持峰会并发表主旨讲话。习近平指出："横跨天山的中吉乌公路，征服帕米尔高原的中塔公路，穿越茫茫大漠的中哈原油管道、中国-中亚天然气管道，就是当代的'丝路'"。[1]

中国路桥工程有限责任公司（下称"中国路桥"）作为世界知名交通基础设施建设公司，除参建中吉乌公路、中塔公路两个项目外，还有众多遍布中亚地区的基础设施项目。这些项目为改善区域交通环境，推动当地社会经济发展起到了重要作用。而参与项目建设的中国与当地建设者也在这条"丝绸之路"上谱写了一曲曲时代赞歌和友谊之歌。

通往未来的"天路"见证中吉友谊
——记吉尔吉斯斯坦北南路上平凡又可敬的人

夕阳下，横跨纳伦河大桥上，中国工人正在紧张施工。

大学时期，笔者曾骑行川藏线，川藏线即人们常说的318国道成都至拉萨段。23天的行程至今仍是笔者人生中最重要的经历之一。彼时，在领略祖国壮美山河的同时，对中国能修建如此浩大的工程发自肺腑地

---

[1] 习近平.携手建设守望相助、共同发展、普遍安全、世代友好的中国-中亚命运共同体——在中国-中亚峰会上的主旨讲话（2023年5月19日）.人民日报，2023-5-20（2）.

自豪。但对修建这样一条公路的难度并没什么概念，只是本能地觉得应该会很难。

2019年秋，笔者跟随吉尔吉斯共和国（简称"吉尔吉斯斯坦"）交通运输部采访团赴吉北南第二条公路（简称"北南路"）现场采访，见证了这条"天路"的修建过程，亲眼目睹了来自中国的专业团队是如何克服千难万险，在异国他乡创造奇迹。

逢山开路，遇水架桥

吉北南新线——北南第二条公路建设项目分为一期、二期、三期工程，当时正在进行的是由中国路桥承建的一期和二期工程。项目地处吉尔吉斯斯坦的贾拉拉巴德州和纳伦州，途经塔兰巴扎、卡扎尔曼、阿拉尔和洽依克等区镇，项目全长约250千米，桩号为K183—K433（250千米），其中包括涵洞421座，特长隧道1座（3.89千米），桥梁18座（包括一座长1076米的特大桥），以及公路附属工程。建成后将成为连接吉南北地区的又一条道路中枢，并将连通中吉乌公路和中吉哈公路，构成吉境内公路网的主干，完善吉境内公路网，方便各重要城镇间交通，大幅降低客货运输成本。同时，也把吉尔吉斯斯坦和中国以及欧洲地区更紧密地联结在一起，让彼此的贸易往来更顺畅。

蔡煜是北南路二期第六标段项目经理。土木工程专业出身的他，2010年大学毕业后就来到了吉尔吉斯斯坦，参与到该国的公路修复建设项目中。2013年，吉尔吉斯斯坦北南路项目开始实地考察测绘工作。从那时起，蔡煜就和这个自吉尔吉斯斯坦独立以来最大的工程结下了不解之缘。彼时已是他在吉尔吉斯斯坦的第9个年头，他也见证了这一项目的建设过程。

谈起北南路，蔡煜言语间充满了自豪感。吉尔吉斯斯坦是一个多山

横跨纳伦河的大桥

国家，这条新修的北南路基本是盘山路，其中有几十千米的无人区，该区域没有任何道路和通信设施，前期测量过程中很多设备需要以畜力或人力运到测量地区。令中国建设者自豪的是该项目中的"两桥一隧道"，即两条长度分别为1076米和390米的高架桥，以及一条3890米的山岭隧道。这种高难度的工程在吉尔吉斯斯坦是首次，也是吉境内最长、最难的一段工程，中国路桥的工程师和工人们采用了大量先进设计和工程设备，充分展现了中国在基础设施建设方面所积累的深厚功底。

"为吉尔吉斯斯坦建造高质量的道路，发扬好咱们国人吃苦耐劳的精神，展现咱们的技术实力，同时也为中吉友谊做见证。能做这样的工作，我感到很自豪。"蔡煜说。

高标准，严要求，中国技术造福吉民众

北南路作为吉尔吉斯斯坦未来发展的一条经济动脉，其建设过程受到了各方的高度关注，从设计理念到施工过程，中吉双方的团队紧密合作，认真负责，每一步都是高标准、严要求。

目前，已完工路段得到了吉政府和民众的高度认可和称赞。行进在这些新修的道路上，看着窗外掠过的美景，看着资料中这些路原有的模样，仿佛有一种穿越时空的感觉。

中方团队中年轻的工程师冯军凯参与北南路的修建已有4个年头，他主要负责确保路面沥青的试验配比合格，拌和过程不仅要保质保量，还要配合工程中其他部门的工作，做好严格的记录，及时同吉方的工程监理人员沟通，以确保工程质量达标。

在国外工作的一大难点就是语言不通。冯军凯出国前并没有学过俄语，但4年来，因工作需要，经常与当地工程师沟通，他无师自通，掌握了一些常用的俄语词汇，这也为他的工作增效不少。

累并快乐着，为在吉中国工人点赞

在现场，记者一行看到一位上了年纪的中国工人。大叔名叫李长喜，来自重庆。吉尔吉斯斯坦天气炎热，很多工人都吃不消，但为了保质保量地如期完成工程，无论多苦，大家都在自己的工作岗位上拼搏。中国路桥理解工人的不容易，后勤保障工作做得不错，每天都会给工地现场的施工人员准备绿豆汤、西瓜等。

张燕，一位来自乌鲁木齐的中国姑娘，她喜欢称自己"工头"，虽然她只在工地工作2年，但她却管理着8个人，其中既有中国人，也有当地人。张燕团队主要负责已完工道路的交通标志标线绘制工作，这是一项需要细致和耐心的工作。

张燕说，这里没有国内的高楼大厦和车水马龙，这里的工作虽然很累，但空闲时间能欣赏吉尔吉斯斯坦优美的风景，也是一种享受。

被吉尔吉斯斯坦民众传颂的中国工程

北南路的另一大亮点是穿越费尔干纳山长达3890米的隧道，同时也是该项目的一大难点。隧道施工负责人李杰告诉记者，该隧道位于地震带，内部岩层稳定性差，且涌水量大，这给隧道的加固和防水带来了巨大的挑战，类似的隧道工程在中国也属高难度工程。

他说，在施工过程中，除了需要修建正常通车的主隧道，还要在道路周边修建一条应急便道，以便发生意外时避险，或便于施救工作的开展。这些都增加了工程的难度。虽然李杰看着年纪不大，但从事这一行业已有13个年头，其中大半时间都奉献给了吉尔吉斯斯坦的交通事业。每年，他只有在春节的时候能回家看望亲人。

在李杰的团队中有很多年轻的面孔。来自湖南的谢平才26岁，但他已经是工地上的"老人"。22岁大学刚毕业，他就来到这个项目工作。

谢平说，刚到项目的时候，山里没有网络信号，打电话也是看运气，偶尔能接通，当时最苦的就是无法和国内的亲人联系。虽然现在工地有了信号，但他最大的愿望就是工程尽快竣工，回国与家人团聚。

吉尔吉斯斯坦新晋网红打卡地
——吉北南公路二期竣工，宏伟工程造福全吉民众

2021年11月10日，吉尔吉斯斯坦北南公路二期（阿拉尔—卡扎尔曼段及两座大桥）举行竣工典礼，中华人民共和国驻吉尔吉斯共和国特命全权大使杜德文、吉总理阿·扎帕罗夫、吉交通运输部部长埃尔金别克·奥索耶夫出席仪式并致辞，项目承建商中国路桥工程有限责任公司代表以及当地长老和民众出席仪式。

2021 年 11 月 10 日，中国驻吉尔吉斯共和国大使杜德文与吉总理阿·扎帕罗夫共同出席吉北南公路项目二期竣工仪式

吉尔吉斯斯坦的交通大动脉，中亚的国际大通道

杜德文大使说，当我们庆祝吉北南公路二期竣工时，我们不会忘记建设者们的功勋。该项目穿越深山无人区，施工环境十分艰苦。项目包括数座桥梁，其中有一座总长1076米、单跨最大跨径40米、最大墩高38米的特大桥。项目承包商中国路桥公司应用了多项世界先进施工技术，培养了一大批吉路桥建设专业技术人员。公司投入了大量大型施工设备及特种设备，将吉的工程施工技术提升到了世界先进水平。北南公路的建成，不仅为吉民众出行带来了便捷，还将带动地方经济发展，加深中吉两国人民传统友谊。

她说，中吉两国是山水相连的好邻居、好朋友、好伙伴、好兄弟，伟大的丝绸之路见证了两国人民之间的世代友谊。建交30年来，中吉友好关系始终保持快速发展的良好势头。中国始终坚持不干涉别国内政原则，坚定支持吉人民选择的发展道路，支持吉政府为国家社会经济发展采取的各项措施，并向吉方提供兄弟般的帮助。

杜大使表示，近年来，中吉共建"一带一路"合作取得丰硕成果，双方在吉共同建设了包括北南公路在内的一批重要项目，为吉经济社会发展和提升人民福祉发挥重要作用。

杜德文说，在新冠疫情期间，中吉两国人民始终守望相助。中国率先向吉提供抗疫人道主义物资援助、派遣专家组、提供疫苗援助。两国人民深信"近邻胜于远亲，患难见真情"。

她说，目前，北南公路一期、三期仍在建设中。项目全面建成后，该公路将成为连接吉南北的交通大动脉，还将成为中亚地区国际运输大通道。她希望北南公路成为经济发展之路、友好合作之路、社会进步之路。

由中国路桥参与建设的比什凯克路网改造项目

中国宝贵经验无法用金钱买到

吉总理阿·扎帕罗夫对北南公路二期竣工表示由衷的祝贺，对中国政府、驻吉使馆、中国进出口银行、中国路桥、吉交通运输部以及所有参与吉北南公路施工的建设者们表示衷心感谢。

他说，杜德文大使体验了北南公路，表示道路建设得很好，在如此艰苦的条件下施工，难以想象建设者们需要克服多大的困难。北南公路全长433千米，其中171千米处于从未有过道路的地区。苏联时期，此路段通行十分艰难，交通主要依靠直升机，北南公路项目建成后将会保障更多车辆行驶在这条道路上。吉方建设者们还从中国建设者身上学到了新技术，这种宝贵经验是金钱无法买到的。

阿·扎帕罗夫说，吉95%的货物依靠公路运输，道路建设对吉的社会经济发展意义重大，现在很多国家与中国开展铁路、公路修建合作，作为中国的近邻，吉将以中国为榜样。北南公路二期竣工，将不仅造福托古兹托罗地区人民，还将为吉全国人民带来永久福祉。相信在新冠疫情之后，吉人民将迎来更加繁荣幸福的生活。

经历艰难险阻，宏伟工程造福吉民众

吉交通运输部部长奥索耶夫在致辞中介绍，阿拉尔至卡扎尔曼路段自2016年开始建设，穿越以往从未有过车辆行驶的地带。在道路勘测调研过程中，测量队伍常常穿行在那些地形复杂、难以涉足甚至有生命危险的地方。

他说，北南公路两座高架桥已经竣工，这是吉最宏伟工程之一，两座桥长度分别为1076米和396米。高架桥采用双车道行车，为远期20年的交通流量增长预留了足够的空间。高架桥的部分桥墩高达82米，其中46

吉尔吉斯斯坦北南路分三期修建。由中国路桥承建的
一期和二期工程已进入收尾阶段

米牢牢扎根于地下，以确保桥梁结构足够稳定和牢固。未来，在高架桥
落成地区计划建设托古兹托罗水电站。届时，高架桥将为大型能源设施
建设的水力发电机组和其他设备提供畅通无阻的运输条件。

奥索耶夫说，北南公路建设中采用了沥青玛琋脂混凝土路面铺设新
工艺，有效提高了路面的使用寿命，沥青路面平均厚度15厘米，能保障
单轴载荷11.5吨的车辆通行。随着阿拉尔至卡扎尔曼的路面贯通，两地
行车路线缩短了100多千米，为当地煤炭和其他资源的运输提供了极大
便利。

奥索耶夫在讲话中对中国进出口银行对项目提供的资金支持表示感
谢。同时，由衷感谢中国路桥为北南公路建设所付出的辛勤劳动，以及
吉交通运输设计院的设计和监理工作。

托古兹托罗区长者阿布达吾·乌鲁·阿伦说，在艰辛条件下建成的

北南公路二期将改善奥什州、贾拉拉巴德州等地区人民的生活，至少缩短托古兹托罗地区至比什凯克行车时间2—3小时，为煤矿运输带来很大的便利，该货物运输走廊还可为很多领域提供就业机会和商机，为吉经济发展提供很大帮助。托古兹托罗区人民支持吉总统对社会经济发展采取的政策，也将努力为国家做出贡献。

阿布达吾代表托古兹托罗地区人民对中国驻吉大使馆、吉交通运输部、交通运输设计院和中国路桥为道路修建付出的巨大努力表示感谢。他说，道路修建者们跋山涉水，经历了很多艰难险阻，最后完成了这条道路的建设，托古兹托罗地区人民对此感激不尽。

仪式期间，阿·扎帕罗夫向为北南公路建设做出突出贡献的中方人员颁发荣誉证书。

据悉，北南公路项目计划于2024年前全面完成施工。

此外，中国路桥在中亚地区还参与建设了中吉乌公路、塔中公路舒拉巴德—安吉洛彼道路修复项目、塔中公路二期万赤河大桥新建项目、塔乌公路、中亚天然气管道D线工程1号隧道项目、比什凯克市政路网改造项目等。

2 | 共建"一带一路"空中丝路
中国南航架起中国中亚友谊桥梁

中国南方航空公司（简称"南航"）作为中国领先的航空公司之一，在共建"一带一路"过程中发挥着重要作用。通过广泛的航线网络、优质的服务、国际合作以及文化交流和旅游推广，公司促进了中国与中亚国家之间的贸易、投资、人员交流和文化交流。中国南方航空公司将继续致力于提供高效便捷的航空运输服务，推动中国与中亚之间的交流与合作，共同构建更加紧密的地区合作关系。

吉尔吉斯斯坦小伙加入中国南航大家庭，开启人生新旅途

随着现代交通工具的发展，航空港口成为一个国家或行业的最佳展示窗口。如今，往返中吉两国的旅客越来越多，这条维系中吉两国经贸、文化、人文交流的交通动脉显得尤为重要。南航比什凯克营业部总经理助理艾尔肯·朱努沙利耶夫分享了自己的"南航情"以及帮助旅客往返中吉两国的有趣故事。

付出就有回报，儿时梦想成就体面工作

据悉，南航自1998年在吉尔吉斯斯坦开展业务以来，每年为吉尔吉斯斯坦近6万人提供优质的航空服务，他们的付出也得到了吉尔吉斯斯坦社会各界和玛纳斯机场同行的认可，被评为吉尔吉斯斯坦最受欢迎的

航空公司之一。能在这样的公司工作，既有稳定的收入，还能获得较高的荣誉，是吉尔吉斯斯坦许多人的工作梦想。因此，有人说艾尔肯是一个幸运儿。

"我们在机场的工作，给人的印象总是光鲜亮丽的外表，宽敞明亮的工作环境，每天可以接触到各种各样的乘客，这是一份体面而又有趣的工作。"艾尔肯如此评价自己的工作。

但艾尔肯不认为自己是幸运儿。他说，天上不会掉馅饼，机会总是留给有准备的人，所谓的运气，不过是对付出努力者的回报罢了。他当初选择学习汉语，并坚持了10多年，长期的付出和坚持让他有了这个工作机会。为了更好地为中吉两国旅客服务，艾尔肯时刻不忘向中国同事请教，纠正自己的语法、声调错误。

"我很感谢儿时随父母到中国北京旅游的机会，那次旅游让我对汉语产生了浓厚的兴趣。高中毕业后，我选择的第一专业就是汉语言学，这个决定改变了我的人生轨迹。"艾尔肯说。

因太热爱而努力，因被认可而坚持

艾尔肯大学毕业那年，怀揣着梦想，只身一人前往中国，在乌鲁木齐做导游期间，艾尔肯亲眼看见中国的发展速度和繁荣程度，让他更坚定了学好汉语的决心。

在中国打拼了半年后，热情开朗、善于交际的艾尔肯得到南航在吉尔吉斯斯坦招聘汉语人才的消息，于是他信心满满地投递了简历。结果并不令人意外，凭借流利的汉语和导游工作经验，艾尔肯顺利地加入南航这个大家庭，开启了人生新的旅途。

艾尔肯说，机场工作繁杂，不仅要面对形形色色的旅客，还涉及民航业各领域及各层面的协调工作，不仅要成为民航和机场专业领域工作的专家，同时还需要及时解答旅客的疑问，给予乘客帮助，为旅客提供最优质、最温馨的服务。

"我们现在每天都有往返于比什凯克和乌鲁木齐的航班,其中有大量的旅客不懂俄语,这部分旅客在遇到问题时,能及时提供有效的帮助和语言支持是我们工作成功的关键之一。"艾尔肯说。

艾尔肯回忆说,因为天气原因,比什凯克冬天的航班经常延误。有一次,航班延误近2天,大量滞留的旅客因为漫长的等候而变得不耐烦。此刻,艾尔肯与同事们一边给乘客发放航空公司提供的餐食,一边向乘客说明情况,他流利的汉语和善于沟通的优势发挥了很大的作用,平复了旅客的急躁和担忧,最大程度上保障了旅客的权益。

"我们的工作虽然表面光鲜,其实有很多不为人知的辛苦,但当我们的工作获得旅客们高度评价时,一切付出都是值得的,这也是我们全体南航人坚持下去的动力。"艾尔肯笑着说。

艾尔肯说,机场的工作其实有很多不为人知的辛苦,但当工作获得高度评价时,
一切付出都是值得的

抓住"一带一路"机遇，学习汉语大有可为

艾尔肯在南航比什凯克营业部工作已经8年有余，他亲眼见证了南航在吉尔吉斯斯坦的发展历程。特别是随着"一带一路"倡议的推进和落实，中吉两国之间的经贸合作和人员交流不断扩大，这也为南航在吉尔吉斯斯坦的发展提供了难得的机遇。在抓好安全和服务两个工作基本点的同时，南航也在提倡建设"网络型"世界一流航空公司，不断拓宽航线网络和国际合作。

艾尔肯说："这些年来，南航对我来说已经是另一个家，我从来没想过要离开这个大家庭。在这里，我找到了自己热爱的事业，结识了许多中国朋友，我的人生因为汉语、因为南航变得丰富多彩。"

对目前已经毕业或将要毕业的汉语学习者，艾尔肯建议说："现在学汉语的年轻人非常幸福，条件比以前优越了很多，可选择的目标也很多，现在越来越多的中国企业在吉尔吉斯斯坦投资，涉及基建、餐饮旅游、矿产开发、教育培训、进出口贸易等，只要我们在加强汉语学习的同时进一步提升专业水平，都能找到适合自己的工作。"

他说，语言是沟通的桥梁，"一带一路"上的民心相通，语言是第一关。年轻人通过学习语言，了解了不同国家的文化，开阔了视野。

艾尔肯还说，看到中国发生了翻天覆地的变化，取得了瞩目的成就，作为中国的好邻居，吉尔吉斯斯坦要与中国互通有无，做好兄弟，共同努力，再创"丝绸之路"新辉煌。

中国南航比什凯克营业部总经理穆秀宏在接受新华社记者采访时表示，公司秉承顾客至上的服务理念，将继续以最优质的服务为"一带一路"建设添砖加瓦，为中吉两国交通畅通、民心相通做出更大贡献。

优秀的团队，提供一流的服务。南航比什凯克营业部部分团队成员

疫情之下中吉航线"停摆"，南航迎难而上获口碑

"我已经休息一个月了，春节之后本应是机票、签证业务高峰期。但因为受新冠疫情影响，中吉两国之间的人员往来目前处于停滞状态。"西域轻工基地有限公司驻吉尔吉斯斯坦办事处负责人崔昊告诉丝路新观察全媒体记者。

受新冠疫情在世界范围内扩散的影响，2020年3月1日起，吉尔吉斯斯坦开始临时限制中国、日本、意大利等五国公民入境。这使得本就已经濒临停滞的中吉人员、物资往来彻底中断。

"接下来会怎么样，还未可知。我们也还没有收到吉方的通知，据说吉尔吉斯斯坦政府正在想办法解决这个问题。毕竟吉尔吉斯斯坦很多商品需要从中国进口，长此以往，对吉尔吉斯斯坦国内经济影响也不小。"崔昊说。

据崔昊介绍，原计划两国之间的航班和边境口岸有望在3月中旬恢复正常，但是最近因为亚洲和欧洲几个国家疫情的扩散，迫使吉尔吉斯斯坦做出了进一步的反应。"其实他们也很无奈，这对吉尔吉斯斯坦亟待发展的航空业也是不小的损失。"

南航比什凯克营业部总经理穆秀宏核实以上信息时说，虽然新冠疫情导致中吉航班暂停执行，但该营业部当地值班和滞留国内的人员协同网络办公，随时关注吉尔吉斯斯坦防疫及相关政策动态，落实各项防疫措施，加强信息联络，及时处理机票退改业务，保持与驻吉大使馆和两国机场、民航局、客户的有效沟通，确保特殊时期各项工作顺畅推进。

中吉两国游客都翘首以盼早日恢复 CZ6005（CZ6006）定期航班

中亚热！西安往返比什凯克！启航！

随着疫情防控措施的逐步调整，以及中国−中亚峰会所带来的政策利好，南方航空也加大了在中亚地区的投入。

新增西安—比什凯克航线

2023年2月11日，搭载着129名旅客的CZ8145航班从西安咸阳国际机场起飞，飞往吉尔吉斯斯坦首都比什凯克，标志着西安至比什凯克航线正式开通。

该航线由南方航空执飞，去程航班号为CZ8145，回程航班号为CZ8146，航班每周六执行一班，以波音737-800机型执飞。

该航线是南方航空继开通西安至阿拉木图国际航线后，在陕西开通的第二条国际正班航线。此次新航线开通，将大大缩短两地的航程时间，为旅客商务出行提供更多选择。同时，南航西安分公司开展的"首乘旅客服务"，为第一次乘坐国际航班走出国门的旅客提供亲和精细的服务，全力做好出行保障。

西安至比什凯克航线开通

据介绍，西安至比什凯克航线的开通，将为中吉两国人员往来搭建便捷的航空运输通道，有利于深化中国与"一带一路"沿线国家和地区的交流合作，开展重要产业和人文交流。

南航在中国—中亚交流中作用凸显

南航将持续推进更多国际客运航线的开航和复航，通过加大国际航线运力投入，进一步满足对外交流、复工复产、出境旅行等市场需求，搭建起中外经贸交流空中要道和国际物流大通道。

中国南方航空公司凭借其广泛的航线网络、优质的服务以及先进的航空技术，能够提供高效便捷的航空运输，促进中国与中亚国家之间的贸易、文化和人员往来。以下是中国南方航空公司在中国与中亚交流中发挥作用的几个方面。

首先，中国南方航空公司在航线网络方面具有优势。公司拥有广泛的国际航线网络，涵盖了中亚地区的主要城市，如哈萨克斯坦的阿斯塔纳、乌兹别克斯坦的塔什干等。这些直航航线不仅缩短了中国与中亚之间的时空距离，也提供了更多的便利选择，为贸易往来、投资合作和人员交流提供了重要的物流支持。

其次，中国南方航空公司注重服务质量，致力于提供舒适、安全的飞行体验。作为中国的领先航空公司，公司拥有现代化的机队和先进的飞行技术，保障航班的安全可靠。此外，公司在机上服务方面也力求卓越，提供高品质的餐饮、娱乐和舒适的座椅，为乘客提供愉快的旅行体验。这种专注于服务质量的理念能够吸引更多的中亚乘客选择中国南方航空公司，推动中国与中亚之间的交流与合作。

中国南方航空公司积极参与国际合作项目，加强与中亚国家的航空合作。在共建"一带一路"倡议下，中国南方航空公司与中亚国家的航空公司建立了广泛的合作关系，签订了多项合作协议。这些合作协议包括代码共享、互相兑换里程积分、航空货运等方面,推动了中国与中亚国家之间的空中交通合作与发展。通过合作,中亚国家乘客可以更加便捷地到达中国各大城市,中国乘客也可以更加便利地前往中亚国家,进一步促进了两地之间的交流与合作。

此外,中国南方航空公司还积极参与文化交流和旅游推广,为中国与中亚国家之间的交流发挥了积极的作用。公司致力于推广中亚国家的旅游资源,通过航班和旅游产品的结合,吸引更多中国游客前往中亚国家旅游观光。同时,公司也积极组织文化交流活动,例如文化艺术表演、主题展览等,加深中国与中亚国家之间的了解和友谊。

在共建"一带一路"过程中,中国南方航空公司还积极参与区域合作机制的建设。公司积极参与相关国际航空组织和论坛的活动,与中亚国家的航空公司以及政府部门保持密切合作和沟通。通过共同制定航空政策、简化手续和提高通航便利性,推动了中国与中亚国家之间的航空合作和交流。此外,公司还积极参与"一带一路"倡议下的基础设施建设,例如航空运输枢纽和航空物流中心的建设,为中国与中亚国家之间的贸易和物流提供了重要支持。

3 | 搭建"一带一路"民心相通桥梁
中吉天然气管道有限公司以人为本

中亚地区，石油和天然气资源储量丰富，而且毗邻世界油库中东地区。在一些中亚国家中，石油和天然气工业甚至是经济支柱产业，因此，中亚国家对于相关技术和管理人才有大量的需求。然而，受限于该地区较为缺乏的教育条件，其对专业人才的培养一直困难重重。中吉天然气管道公司自创建伊始就以培养本地化人才为己任，在建设和运营管道项目的同时，积极服务吉尔吉斯斯坦经济社会发展，以人为本，凝聚合力，推进两国能源领域合作，搭建"一带一路"民心相通桥梁。

中吉天然气管道有限公司签署协议

2015年12月16日，在时任中华人民共和国国务院总理李克强和吉尔吉斯共和国总理萨里耶夫的共同见证下，中国石油天然气集团有限公司董事长王宜林与吉经济部部长科若舍夫在北京签署了《吉尔吉斯斯坦政府与中吉天然气管道公司的投资协议》。

中国-中亚天然气管道D线以土库曼斯坦复兴气田为气源，途经乌兹别克斯坦、塔吉克斯坦、吉尔吉斯斯坦进入中国，止于新疆乌恰的末站。在吉尔吉斯斯坦境内，管道将经过奥什州的阿莱和琼阿赖两个区，通向伊尔克什坦。

作为中国-中亚天然气管道D线的重要组成部分,中吉天然气管道全长215千米,容量为30亿立方米。天然气管道将铺设在地下4米深处,年输气能力为300亿立方米。

中吉天然气管道项目是符合中吉两国人民共同利益的项目,也是两国元首高度重视、共同推进的项目。

2013年9月11日,中吉两国政府签署"关于中吉天然气管道建设运营的合作协议",吉尔吉斯斯坦议会于当年年底审议通过这个协议。随后,吉尔吉斯斯坦政府发布了关于中吉天然气管道的政府令,就政府间协议部分条款涉及的责任部门的工作予以安排。

2014年4月22日,中亚天然气管道有限公司正式收到吉尔吉斯斯坦能源与工业部对中亚天然气管道D线吉尔吉斯斯坦段可行性研究报告正面审批结论,为项目下一步工作的开展奠定了坚实的基础。

中吉天然气管道有限公司是中油国际管道有限公司的全资子公司,中油国际管道有限公司是中国石油天然气集团有限公司(简称"中石油集团")下属的专业化海外管道业务管理机构,下辖13家合资、独资公司,业务范围覆盖乌、哈、塔、吉、缅、中6国。包括6条天然气管道和3条原油管道,管道里程超过1.1万千米。

中吉天然气管道项目由中吉天然气管道有限公司及其驻吉尔吉斯斯坦分公司具体负责建设和运营。

培养属地化人才,服务企业和国家

伴随着海外油气业务的快速发展,中石油集团坚持海外用工属地化、专业化、市场化,不断健全员工培养机制,努力推动实现员工本地化和人才队伍国际化。

中石油集团在"一带一路"沿线的20个国家运营52个油气合作项目。截至2017年年底，中石油集团累计为"一带一路"沿线资源国创造8万多个就业岗位，为当地培养了数万名石油工业技术和管理人才。

中石油集团下属的中油国际管道有限公司，以西北、西南两大能源通道建设为桥梁和纽带，打造中国与中亚、中国与东南亚的命运共同体，发挥"一带一路"先行者作用，十余年来为过境国提供长期和临时就业岗位3万多个。

作为"一带一路"的重点工程，创建伊始，中吉天然气管道有限公司就着眼于未来的管道运行管理，积极推进项目本土化用工，采取"校企合作、定向委培"的模式培养人才。

为顺利实施人才培养项目，中吉天然气管道有限公司从2017年就开始筹划制定实施方案。同时，提前与中国驻吉使领馆及经商参赞处，吉尔吉斯斯坦能源委、教育部、外交部、奥什州政府等相关政府部门进行沟通，得到了双方的赞许和支持。

2018年5月，中吉天然气管道有限公司赴奥什州各地举行招生推介会，选拔30名吉尔吉斯斯坦奥什州优秀应届高中生毕业生，派往中国的石油高等院校进行为期4年的油气工程专业本科学习，学成后到公司从事管道运行管理工作，实现人力资源本土化选拔、专业化培养、国际化使用，促进员工和企业的共同进步和全面发展。

中吉天然气管道有限公司花大力气、高额费用专门培养本土化高科技员工，凸显了公司对属地化和本土化的重视。时任中吉天然气管道有限公司总经理关新来说："中吉天然气管道有限公司结合吉尔吉斯斯坦当地实际和项目人才需求，认真研究了解当地人才的文化素养、知识结构、技术技能水平，制定了切实可行的员工本土化推进模式和实施方案，大力开展属地化员工培训，建立健全各项制度，规范管理当地雇员，公司雇用的本土员工都能很快适应自己的工作岗位并在其中发挥重要作用，营造了和谐共促的企业文化氛围。"

人才培养项目在满足公司人才需求的同时，也为吉尔吉斯斯坦培养了一批急缺的专业技术人才，促进当地就业及经济发展，必将为中吉双方合作带来美好前景。经过在学校的学习和在公司的工作，他们成为吉尔吉斯斯坦管道业务的佼佼者，为吉尔吉斯斯坦的石油天然气工业发展做出贡献。

促进经济发展，实现家门口就业

中吉天然气管道经过的琼阿赖区隶属于奥什州，距离奥什市约300千米，平均海拔3000米，当地居民主要以放牧为生。

中吉天然气管道有限公司要选拔管道途经的奥什州阿莱区和琼阿赖区的毕业生派往中国学习。在得知这个消息后，琼阿赖区副区长萨达特·舒伊古诺娃说："这是一次千载难逢的机会，不仅为当地提供就业机会、促进经济发展，还为老百姓带来了实实在在的利益。我们支持中吉天然气管道项目尽快启动，造福一方百姓。"

中吉天然气管道有限公司承担选拔学生培训期间所有的教育、生活经费，并设立专项奖学金，让学员顺利完成学业，到岗就业。

在奥什州琼阿赖区招生宣传点，42岁的努尔古丽·库尔班别科娃说："作为当地居民，我很支持这项工作，也希望这个项目早日启动，为我们贫困山区带来经济效益，解决这里百姓的就业问题。"

17岁的阿巴兹别克·苏莱曼诺夫说："听到这个消息，我太激动了！我非常想去中国学习，能学到油气技术，将来毕业后可以在家门口工作。希望我有好运，能被学校选中。"

中国专业实力大学为公司培养当地员工

西安石油大学是中国西北地区唯一一所以石油石化为特色的多科性普通高等学校，在石油化工方面有着深厚的教学实力，其培养的学生正是有着丰富油气资源的中亚地区急缺的人才。

2018年9月12日，西安石油大学与中吉天然气管道有限公司在西安举行校企联合培养留学生项目签约仪式暨开学典礼。《陕西日报》、《中国石油报》、中化新网、吉尔吉斯斯坦国家通讯社对此进行了专题报道。

中吉天然气管道有限公司与西安石油大学采取"校企合作、定向委培"模式，依据留学对象选拔条件和高考成绩，在吉选拔了30名优秀应届高中毕业生派往中国留学深造。这些留学生赴中国之前，公司为他们举行了隆重的欢送会。这些学生由时任中吉天然气管道项目总经理关

2018年9月12日，西安石油大学与中吉天然气管道有限公司
在西安举行校企联合培养留学生项目签约仪式暨开学典礼

新来亲自带队送到西安石油大学。

按照公司与西安石油大学签署的"1+3"联合培养计划，30名学生分别在西安石油大学和东北师范大学进行为期1年的汉语预科学习，随后在西安石油大学进行3年本科专业的学习。西安石油大学根据公司未来现场运行人员工作岗位设置需求情况，结合西安石油大学专业设置及办班条件，"订单式"培养油气储运、机械设计制造、电气工程及自动化等专业人才。

这一批学生考试合格毕业后，统一发放中华人民共和国高等院校毕业证书。公司与学生签署培训协议，公司承担学生联合培养期间的教育和生活经费并设置专项奖学金，学生承诺学成后返回公司从事管道运行管理工作，工作期限不少于8年。

这一联合培养项目得到了双方政府部门的支持，半数学生获得了中国政府奖学金资助。

17岁的学员玛玛特表示，他从小就对油气专业很感兴趣，这次经过精心的准备，顺利通过了中吉天然气管道公司的面试，成为该项目学员。面对采访，他表示：今后一定认真学习，学成回国后为两国人民友好交往做出贡献。

西安石油大学为该项目安排了优质的教学资源，保障校企合作项目学员的教育质量和培训效果，帮助学员成为掌握汉语，夯实专业基础，精通专业技能的国际化、复合型专门人才。

创国际复合型人才培养新模式：
校企联合培养留学生项目成果显著

2019年7月，中吉天然气管道有限公司30名赴华留学生经过1年的系统培训，圆满完成预科阶段的学习任务，顺利返回吉尔吉斯斯坦。

这一年里，中吉天然气管道有限公司与西安石油大学和东北师范大学两所学校密切合作，为吉留学生优先安排优质的名师课程、丰富的教学资源、先进的教学条件、多样化实践环节，充分保证每一位学生的教育质量和培训效果。老师为留学生们制作中文名片。学生们学拼音、写汉字、练听力、做表演，在老师的带领下去户外、超市实景教学，利用业余时间主动寻找机会和中国人交流，都对汉语产生了浓厚的兴趣。

据悉，这一批吉留学生绝大多数出身贫苦家庭，他们倍加珍惜宝贵的留学机会，平时学习刻苦用功。学习期间每两个月学校组织学生参加一个级别的HSK（汉语水平考试），让学生们的汉语水平得到了很大的提升，为开展专业学习奠定了坚实的语言基础。

中吉天然气管道有限公司驻吉尔吉斯斯坦分公司管理层人员和 30 名
定向委培留学生在比什凯克举行座谈会

吉留学生们还积极参加学校组织的演讲比赛、辩论赛、运动会、足球比赛等。在学习汉语不满两个月的条件下，夺得演讲比赛三等奖的好成绩。学生们在老师带领下认真编排节目，在学校春节联欢晚会上大放光彩。学校还组织吉尔吉斯斯坦留学生参观中俄产业孵化园，到浐灞湿地公园春游，一起过生日，游览钟鼓楼、古城墙、回民街，写"福"字，感受中国文化。

在中国老师、同学们的帮助下，吉留学生们在中国体会到了家的温暖，感受到了父母和兄弟姐妹般的亲情。

**30 名吉尔吉斯斯坦留学生谈赴华感受：
汉语快速进步，从害怕到充满信心**

在吉尔吉斯斯坦留学生座谈会上，学生雷阳说，在没有到中国之前，他对这个国度没有概念，对中国人到底是热情还是冷漠更是一无所知。到中国后他了解到中国人的热情、善良，中国有56个民族，各民族间团结、互助，彼此包容、谅解，这应该就是这个多民族国家能够以包容、尊重的态度对待外国人的主要原因。

雷阳坦诚地说，去中国留学一年后，父母及亲朋好友都觉得他变化很大，无论在装扮还是生活习惯上，他们都觉得雷阳更像中国人。例如，他以前缺乏时间观念，到中国以后逐渐养成了守时的好习惯，这一点让雷阳的父母觉得很欣慰。

另一名学生李明浩说，刚到中国的时候他既不会汉语，也不懂英语，零基础汉语学习中国文化和物理、化学等科目非常困难。庆幸的是他们的老师会用实践的方式教他们学习汉语，比如会带他们去超市学习买东西，带他们坐地铁感受地铁的速度，这种方式让他们在学习汉语的道路上快速成长起来。

"'一带一路'倡议把吉中两国紧密地联系在了一起，希望自己毕业以后可以从事相关工作，为两国石油事业的发展做贡献。我相信只要努力，就能学好汉语。"李明浩年轻的眼眸里满是希望的光芒。

学生伊山说，因为以前对中国不了解，怀着对未知的恐惧。"刚到中国的时候，我很害怕。首先担心饮食不习惯，不知中国人是否友好，担心自己无法完成从零开始的学业。但在老师、同学们以及其他师兄弟的帮助下，我很快就适应了在中国生活。"

他说，自己在中国不仅学会了汉语，学到了知识，了解了世界，更重要的是还结识了很多其他国家的朋友。学校和公司不仅为他们制定了详细的学习计划，还安排他们参观了大雁塔、钟楼等名胜古迹，了解中国悠久的历史和丰富多彩的文化，使他加深了对中吉两国世代友邦的理解。

学生卢海说，刚到中国的时候，对中国饮食中的辣味非常不适应，经过8个月的学习和生活，现在他对中国的辣味已经非常喜欢。学生哈林说，因为不会说英语，在中国的学习刚开始的时候非常困难，但在老师、公司和同学们的帮助下，他们很快就学会了汉语，现在他已经能和中国人正常进行沟通，也不会因为害怕和担忧而不与外界交往。

赴华留学生毕业典礼

2023年7月16日，中吉天然气管道有限公司赴华留学生毕业典礼成功举办。中国驻吉尔吉斯共和国大使杜德文、吉尔吉斯共和国能源部副部长托鲁巴耶夫等参加，吉留学生、学生家长及西安石油大学代表约100人出席活动。

杜德文大使祝贺吉留学生顺利毕业，表示当前中吉关系处于历史最高水平，两国共建"一带一路"合作成果丰硕，今年5月两国元首西安会晤就构建中吉命运共同体达成重要共识，两国各领域合作前景广阔。杜大使勉励吉留学生勤奋工作、发挥才干，成为中吉命运共同体的建设者。

托鲁巴耶夫表示，吉中两国是山水相连的"好邻居、好朋友、好伙伴"，感谢中方为吉培养优秀技术人才，相信吉青年学子将积极投身吉中共建"一带一路"合作，并为吉中世代友好做贡献。

如父母般倾注心血，感动吉留学生

中吉天然气管道有限公司高度重视留学生培养项目。培养期间时刻与学校教学人员保持沟通联系，优先安排课程，丰富教学资源，提供较好的教学条件，公司也时刻关注学生们在中国的生活状况。令人欣慰的是，孩子们不负众望，积极参加学校组织的各种活动和比赛，并在短时间内取得了可喜的成绩，展现了吉尔吉斯斯坦留学生的精神风貌。

在得知部分学生未能按合同要求完成学习任务时，中吉天然气管道有限公司驻吉尔吉斯斯坦分公司总经理王善珂说："我彻夜未眠，既忧虑又痛心，就像担心自己的孩子一样。"他言谈间不经意流露出的关切令在场的学生动容。

王善珂举例说，在中国，很多孩子出国留学都需要集全家之力，被外国公司派出国留学的机会，是很多中国孩子想都不敢想的。希望这些孩子们珍惜来之不易的机会，珍惜宝贵的青春时光，脚踏实地，发奋努力，加强汉语学习，强化专业知识学习，后来居上，按要求完成学校和公司布置的学习任务。

班主任肖冰心老师说："每一个任课老师都觉得，我们班的学生是一群有温度、心怀感恩的学生。每个老师最爱的是学生努力学习的状态、坚持奋斗的精神。"

此次校企联合培养留学生项目受到了社会各界的广泛关注，中吉两国媒体纷纷报道，认为该项目是油气领域国际化、本土化人才联合培养的重要举措，是"一带一路"倡议所倡导的"民心相通"的具体体现和落实，在社会上引发积极反响。同时，中吉天然气管道公司吉尔吉斯斯坦留学生的优异表现也获得吉教育部门、奥什州政府的高度评价。

4 美食冲击民众味蕾
比什凯克的中餐文化

到过吉尔吉斯斯坦的中国人都有这样一种感受：当地正宗且美味的中餐总让人有一种自己并未出国的感觉。尤其是在吉首都比什凯克，大大小小60多家中餐厅聚集在这里，无论是中国北方的大盘鸡、拉条子，还是中国南方的火锅和酸辣粉，都可以吃到。实际上，中餐和中国食品已经成为吉普通民众生活中不可缺少的一部分，中餐正在悄悄丰富他们的食谱。

比什凯克是中亚地区的重镇之一，是古丝绸之路经天山山脉，贯通西域和中亚草原要道所经驿站。在这片土地上，不仅生活着吉尔吉斯斯坦的各民族同胞，还生活着来自中国、俄罗斯、哈萨克斯坦、韩国等几十个国家的外国友人。人流带着家乡的味道在这里碰撞出丰富多彩的美味佳肴，其中大大小小、各种档次的中餐厅就是比什凯克的一道亮丽风景线。

10年间，中餐厅从屈指可数到60余家

一直在比什凯克从事餐饮行业的帝王酒店经理喻柯说，2009年前，比什凯克的市貌并不是现在的样子，很多地方连柏油马路都没有，来这里的中国人也很少。比什凯克的中餐厅就更少了，只有伏龙芝饭店、吉祥酒店、少林饭店、上海餐厅和北京烤鸭店等屈指可数的几家。

不仅中餐厅的数量少，因原材料、调味料缺乏等原因，中餐厅菜品的种类也不多。"商贩、生意人到饭店也只是吃个便饭，并不要求菜的

比什凯克市帝王酒店外景

品质。很少有当地人到中餐厅吃饭。"喻柯回忆说。

　　随着中吉两国各领域合作的不断加强，中国黄金、紫金矿业、中国路桥、华为等大型中国企业入驻吉尔吉斯斯坦。尤其是近10年，随着共建"一带一路"倡议的提出，除了大型企业，很多中小型以及私营企业也来到这里开拓事业，除了野外作业人员外，大部分人都集中在首都比什凯克和南方城市奥什。

　　比什凯克的中国人逐渐增多，慰藉中国人思乡之情的中餐文化推动着大大小小的中餐厅在这座城市陆续开业。随着赴吉中国人的工作性质、消费档次的提高，中高档餐厅成了人们宴请、聚会必不可少的场所。2011年，以"帝王"为名的酒店在比什凯克隆重开业。

　　据喻柯介绍，帝王酒店最初的定位就是中高档中餐厅。"毫不夸张地说，刚开业时，到帝王酒店吃饭是需要排队的。包厢要提前好几天才能预订上。帝王酒店的生意红火促使其分店于2013年迅速开业。"他说。

在比什凯克，除了以帝王、和平为代表的宴会厅外，还有诸如吴家米粉、功夫饺子等方便快捷的小型饭馆，这些饭馆既能解决人们的午餐问题，又能满足中国人的味蕾。如今，比什凯克已经有60余家中餐厅。

保留中餐文化，迎合吉尔吉斯斯坦人味蕾

到2019年，在比什凯克就可以吃到正宗的川味火锅、地道的新疆大盘鸡、可口的锅包肉等各类中国菜了。60余家中餐厅几乎可以满足消费者们的所有需求。

可以说，比什凯克是中亚国家乃至俄语区国家里中餐文化最为浓厚的国家，而令记者百思不得其解的是，生活在比什凯克的华侨华人有限，60余家中餐厅屹立不倒的秘诀是什么？其消费群体都包括哪些人？喻柯经理为记者解开了心中的疑惑。

实际上，比什凯克中餐厅的消费对象并不只限于在吉华侨华人，当地人才是餐厅的主要客源。能吸引如此多当地人就餐的秘诀，便是餐饮文化的相互融合。

据介绍，要做到餐饮文化的相互融合，其关键在于厨师的手艺。为了做出既保留中餐特色，又符合当地人口味的中国菜，帝王酒店的所有厨师都来自深圳。因为深圳汇集着中国五湖四海、不同口味的人群，出自深圳厨师之手的饭菜往往更符合大众口味。

此外，根据吉尔吉斯斯坦人热爱歌舞的风俗，比什凯克的很多中餐厅都配有小型舞台，舞台边专门有一位当地歌手，人们在餐厅聚会时可以点歌，也可以上台唱歌或者随音乐起舞。

而且，"做法多样"也是中餐厅吸引吉尔吉斯斯坦食客的重要因素之一。在中餐文化中，一种原材料可通过煎、炸、炒、煮、蒸等不同的中式烹饪方法做出不同口感的美味佳肴。同样的材料，新鲜的烹饪方

法，加之美观的视觉冲击，这何尝不是一种无法抗拒的吸引力呢！

到中餐厅吃饭是一种享受

帝王酒店内氛围舒适

经常品尝吉尔吉斯斯坦当地食物时会发现，无论是装修豪华的大型餐厅，还是街边小店，其菜单大同小异，主要菜品都是吉尔吉斯斯坦传统食物，而这里的中餐厅就不一样了，除了别具特色的中式装修风格，不同种类的菜品给人一种百吃不厌的感觉。

近年来，越来越多的当地人将宴请活动安排到中餐厅。前不久，比什凯克市民阿扎马特就将他一岁女儿的生日宴安排在了中餐厅。他说，餐厅内氛围舒适，请亲戚朋友吃饭很有面子，最重要的是，中餐厅的人均消费比当地同等档次餐厅的人均消费低。

较低的菜价如何获得利润呢？薄利多销和较低的原材料价格是中

餐厅赢利的原因。喻柯说，在原材料方面，所有肉类可选用吉尔吉斯斯坦当地肉制品，价格低且肉质鲜美；蔬菜方面，大部分蔬菜都可在吉买到，中吉合资的蔬菜大棚里种植着品质优良的各类蔬菜。部分稀缺蔬菜可以通过国际物流从中国、乌兹别克斯坦、哈萨克斯坦等地采购。

实际上，中餐在悄悄进入吉尔吉斯斯坦人的生活，中餐文化成了他们生活中不可缺少的一部分。

众所周知，吉尔吉斯斯坦人很爱吃肉，当地的餐食也是肉食偏多。几年前，他们一进中餐厅只点肉菜，鱼类也只吃常规的那几种。但因长期吃肉带来了各种疾病和身体隐患，他们的养生饮食观也悄然发生了变化。如今，中餐里的豆腐、各类精美凉菜、清蒸鱼、菌类小炒成了他们餐桌上的必点美味。

现在，中餐厅再也不是当地人只有在重大节日或参加庆祝活动时才会去的地方了。中国餐饮中的独特味道吸引着当地人经常三五结伴去解解馋，获得味蕾的满足。

喻柯说，比什凯克的很多中餐厅都会分析顾客的喜好，不断推陈出新，烹饪出更加美味、养生、健康的佳肴。"吃得好、吃得放心和吃得健康才是中餐文化的精髓所在。"

帝王酒店还在吉民众常用的脸书、照片墙等社交网站上注册了账号，经常发布一些餐厅环境、菜品的图片，获得很多粉丝点赞。现在，该店90%以上顾客是当地人，很多顾客常说，一周不到中餐厅吃两次中餐，还有些不习惯。

经营中餐厅，他和很多吉尔吉斯斯坦人成了朋友

比什凯克和平连锁餐饮总经理任道伟自2003年来吉后一直从事中餐行业。他说，2003年，中餐在吉尔吉斯斯坦还处于初期发展阶段，大部

分当地民众对中餐还不太了解，对中国文化了解得更少。

20年前，比什凯克中餐规模小，中餐消费群体主要是在吉华侨华人和去过中国且了解中国的部分吉高层官员和商人。"最开始，吉尔吉斯斯坦人对辣椒、花椒、酱油、醋等中餐调料都不太认可，因为他们祖祖辈辈就没有吃过这些东西，所以对他们来说，中餐调料是非常陌生的。"任道伟说。

中餐真正开始影响吉普通民众生活是2010年，大型中餐连锁店逐渐在吉开设，大约到2013年，到中餐厅消费的吉民众逐渐增多，中国的大盘鸡、麻婆豆腐、酸辣汤、小炒肉、花卷和饺子等美食很受当地人欢迎。

经营餐厅多年，任道伟也在不断探索当地人的口味，经常去吉尔吉斯斯坦当地人的餐厅考察。他说，当地餐饮主要以面食和烧烤为主，油炸食品较多，蔬菜以沙拉居多，不会爆炒，而中餐历史悠久，调料齐全，烹调方法十分讲究。不同的食材烹调方法不同，做出来的口味也不同。

比什凯克和平连锁餐饮菜品丰富

在他看来，中餐的主要吸引力是味道好、品种多、蔬菜新鲜。"中餐熟得快，肉菜是新鲜的，随炒随吃。"任道伟说。

根据吉尔吉斯斯坦人的饮食特点，他所经营的中餐店将川菜、新疆菜和湖南菜进行融合，对厨师进行培训，在油、麻、辣方面做了增量和减量的调整，以迎合吉尔吉斯斯坦人的口味。

近年来，随着吉尔吉斯斯坦民众消费水平不断提高，环境良好、菜品种类多、上菜快、味道鲜美的中餐越来越受到当地民众的青睐。"尤其是一些学中文的年轻人口味已经接近中国人，他们也特别喜欢吃中国的麻婆豆腐、麻辣烫、火锅等美食。"任道伟说。

目前任道伟已经在比什凯克开设了多家中餐店，餐厅里95%的客户是当地人。经营中餐厅10多年来，很多当地客户已经成了他的朋友。

要让中餐厅在海外发展得更远、更稳

市场需求总能带动生产。新冠疫情好转后，如意餐厅、红楼酒店、港式早茶餐厅、国营烧烤等多家中餐厅陆续开放，中餐厅的老板们说，正是看到了比什凯克民众的中餐消费潜力，才决定投资开店。

经营红楼酒店的是一对80后年轻华侨夫妇，他们将多年来在吉打拼积攒的钱都投入到酒店中。店老板张意凤说，餐厅于2022年2月开业，开店之前，

比什凯克中餐厅内美食

比什凯克红楼酒店外景

他们在不同的中餐馆吃过不同口味的饭菜，从家常小菜到火锅串串再到地方菜。发现当地人对中国菜接受程度很高，所以，他们就有了在吉尔吉斯斯坦开办中餐厅的想法。

决定开店时，张意凤是很有信心的。她说，吉尔吉斯斯坦人包容性比较强，容易接受中国菜品，甚至在很多群体中，中国菜很流行。此外，餐厅的租金在可承受的范围内，不用一年一次性支付，可按月支付，减轻了餐厅初期的费用压力。而且，流行于吉本地的菜品种类不多，操作简单，出菜快。

红楼酒店的定位是面向吉普通民众，让所有对中国菜有兴趣的人都能吃得上，吃得起。"我们的主要菜品是川菜和新疆菜结合的家常菜。为了迎合吉尔吉斯斯坦人的味蕾，对菜品的味道也做过调整。"她说。

一年多来，红楼酒店的菜品在不断更新。在初期，店内菜品品种比较繁杂，还包括冷锅、串串以及一些比较有特色的川菜。后来，他们发现这些菜品不符合吉尔吉斯斯坦大多数人的口味。所以，店内的菜品就精简了不少。

如今，红楼酒店的主要客源是吉尔吉斯斯坦人，回头率超50%，还有一些比较熟悉餐厅菜品的中国客户。根据张意凤夫妇的计划，他们下一步将换一个环境更好、面积更大的店面，扩大餐厅规模，在做好中餐的同时更多宣传中华民族的饮食文化。

据了解，近两三年来，比什凯克开办了不少欧洲风味的餐厅，这些餐厅环境舒适，各有特色，而且都有各自的文化主张，所以生意也很好。张意凤认为，中国餐厅如果以后想要做得更好，必须从餐厅环境以及文化氛围上多下功夫，让带有中国文化的中餐厅在海外发展得更好。

当地菜单上的中国菜

第一次在吉当地餐厅里看到"КитайскаяКухня"（中国菜）是在比什凯克市丝绸之路街边的一家抓饭中心。这让本来打算随便吃个抓饭的记者提起了兴趣，工作劳累了一天，点一盘酸酸辣辣的粉条炒肉，便让身在海外的游子感到满足。

令人意想不到的是，在随后的几天，记者接连在玛纳斯机场附近的餐厅和远离吉首都的托克马克小城的一家餐厅内都看到了中国菜。

中国菜已经普及到吉的地州城市了吗？常年在楚河州莫斯科区从事养殖业的华侨刘亚军告诉记者，很多年前，地州上的餐厅里就有中国菜了。当地餐厅买来中国调料，去中餐厅品尝考察后，便学起了做中餐。

实际上，部分吉当地餐厅内的中国菜是很美味的。记者在几家餐厅点了同一道中国菜，发现每家的菜品味道都不同，有的菜品似乎比中餐厅的还好吃。

抓饭中心的店长别克舍夫在店里已工作5年，5年来，来自世界多国的顾客他都服务过。通过顾客们点菜的菜单，饭店的菜品也在不断地更新。他说，抓饭中心已经在比什凯克做成了连锁饭店，虽然名为抓饭中心，但店内还有20多种其他菜品，店内的厨师都经过专业培训，会做中国菜是对厨师的基本要求，因为中国菜在这里太受欢迎了。

中国食品超市

有中国人的地方就会有中餐厅，吃了中餐，就会有一种"自己也想学习做中餐"的想法。在比什凯克，中国食品超市不仅满足了华侨华人的日常生活需求，也满足了当地民众了解中国调料、改善餐桌美食的需求。

比什凯克的中国超市内有来自中国的各类调味品、零食小吃等

从一无所知到买中国调料也要看牌子

比什凯克中国食品超市国英店的老板赵玮在吉尔吉斯斯坦生活已有30年。据她回忆，吉尔吉斯斯坦刚独立她就到了这里创业，彼时，吉正在进行货币改革，将卢布更换成索姆（按2023年9月12日汇率，1元人民币约合12.1242索姆）。

赵玮说："30年前，吉尔吉斯斯坦当地民众并不了解中国食品，除了盐，他们做饭顶多会用一些黑胡椒之类的调料品，做出的饭菜口味一般，老百姓的餐桌饮食也很简单。但现在，很多吉尔吉斯斯坦人已经喜欢上了中国的调味品。"

据她介绍，中国的调味品在吉畅销主要受两方面因素影响，一方面是中吉经贸往来的快速发展带动中国食品进入吉市场，另一方面则是吉尔吉斯斯坦商人到中国进货或旅游时被中餐所吸引，开始了解、品尝并向越来越多的吉尔吉斯斯坦人介绍中国食品和调料。

为帮助吉消费者了解并使用中国的调味品，赵玮专门对店里的当地员工进行了培训，顾客不仅可以进店学习如何使用和区别中国调味品，在家做饭时，还可以打电话咨询如何做中国菜。

赵玮说，中吉两国建交后，两国通货走廊更加畅通，包括食品在内的大量中国货物进入吉尔吉斯斯坦。如今，吉尔吉斯斯坦民众进中国食品超市消费也要看牌子，李锦记、海天、美味鲜等中国品牌调味品很受当地民众欢迎。各种各样的中国食品走上了吉民众的餐桌。

她说："吉尔吉斯斯坦人对中国的茶叶尤其认可，他们原来只知道绿茶，但并不知道绿茶也分很多种。现在来买茶叶前，他们都会在网上查一些关于中国茶叶的知识。对茶叶有了较深入的了解，购买茶叶时会提出他们的需求。"

外国人也喜欢到中国超市采购

几年前，重庆超市开到了比什凯克，超市里不仅可以买到来自中国的各类调料、零食、干菜和日用品，还能买到来自中国的新鲜果蔬。如今，中国食品超市不仅是旅吉华侨华人的日常采购地，也成了很多在吉留学、工作的外国人常去的地方。日前，记者在重庆超市就遇见了不少外国人。

一进超市，重庆超市的吉尔吉斯族收银员便向记者寻求帮助，一位来自瑞士的留学生正拿着一瓶金银花询问，而只会简单中文的收银员无法解释说明书上金银花的功效。

"是中药性的茶叶，嗓子不舒服时可以泡水饮用，但不能当普通茶天天喝。"记者简单的几句话，就把那位留学生心中的疑惑全解开了，立刻买下那瓶金银花，高兴地说道："这就是我跑了好几家店要找的东西！"

看到中国人进店，在一旁采购的印度小伙也前来寻求帮助，了解哪些零食是甜的，哪些是咸的，哪些是辣的。他说，印度也有中国食品超市，中国零食总能让他品尝到不一样的味道，他喜欢边吃中国零食边看电影。"这可比薯片好吃多了。"他说。

重庆超市收银员阿丽亚在店里已工作2年，据她介绍，虽然店面不大，但营业额一直不错，店里顾客来自各个国家。店老板根据顾客需求不断调整进货种类，有的顾客开车半个多小时过来，就是为了买中国调料，"他们说，没有中国调料，做饭不香"。

餐饮文化的交流融合加深了中吉两国人民间的感情，在吉经营中餐厅和销售中国商品的华侨华人纷纷表示，将更好地服务两国人民，延续两国人民间的情谊。

多"走亲戚"，延续中吉亲情

在吉尔吉斯斯坦生活30年，经营中国食品超市的赵玮目睹了吉尔吉斯斯坦经济、政治、文化等多方面的变化。她说，无论怎么变，30年来中吉两国的友谊从未改变。生活在吉的中国人也把这里当成了自己的第二故乡。

在赵玮看来，虽然食品在两国交流方面所占的比例并不大，但它非常重要。中国食品和饮食文化在吉尔吉斯斯坦已经得到认可和弘扬。

吃惯了中餐，赵玮有时也会约三两好友专门到当地餐厅吃吃烤包子、马肠、纳仁饭等当地饭菜，换换口味。

她说，吉尔吉斯斯坦人民热情、好客、包容且友好，生活在这里的中国人都很喜欢这个国家，愿两国人民一直这样相互帮助，像走亲戚一样经常走动，永远延续两国人民间的亲情。

任道伟说，中吉是山水相连的兄弟国家，很荣幸能在吉尔吉斯斯坦的这片土地上经营中餐，传播中国餐饮文化，让生活在这里的中亚各民族能够品尝到中餐，并感受中餐文化的魅力。祝愿两国人民往来越来越密切，中吉友谊万古长青。

喻柯说，国之交，在于民相亲。他将带领自己的团队，更好地服务于吉尔吉斯斯坦民众，弘扬中餐文化，促进中吉人民之间的友谊。

5 | 把工厂"搬"到国外
在吉华商叶红尖的转型路

在吉尔吉斯斯坦有这么一批中国人，每日起早贪黑、全年无休，他们不仅把价廉物美的各类商品带到吉，更用实际行动把中国人勤劳、恭俭和奉献的品格展示给当地社会。当地人戏称，离了他们，生活就玩不转。浙江商人叶红尖便是在吉华商代表之一，经过14年的打拼，他从一名服装批发商贩华丽转型成为行李箱生产商，不仅将生产厂"搬"到了吉首都比什凯克，还将"龙仕达"品牌销售到了俄罗斯、乌兹别克斯坦和哈萨克斯坦。成功的路上总是充满荆棘，叶红尖在吉的14年经历了什么？让我们听听这位浙江商人成功背后的故事。

叶红尖始终坚信，努力付出就能收获回报

吉尔吉斯斯坦的中国追梦人

操着一口浓重的中国地方口音,熟练地用"中式俄语"与顾客交谈,给人一种不买东西都不好意思走出店门的热情,这就是吉各大市场、餐厅里中国商人的形象。他们来自中国不同地区,每天为梦想和家庭奔波,同时也丰富了吉经济市场,给吉带来了物流、人流和资金流,创造就业岗位,造福吉民众。

在吉华商群体的付出很好地诠释了"商品流通和民心相通"息息相关,他们就是中国梦最接地气的代表,他们也把追梦精神带给了当地人。

"走,去大市场转转。"这是吉当地民众在节假日或休闲时常说的一句话。在他们口中的大市场里,华商店铺几乎占据半壁江山,那里有中国设计制造的时髦服饰、实用家电,也有运动器械、各类学习用品。这些中国商品在吉尔吉斯斯坦已深入人心,不少高层官员也不止一次在公开场合表示,他们已离不开中国商品了。

吉尔吉斯斯坦1998年加入世界贸易组织(WTO),是中亚地区第一个"入世"的国家。大好形势下,一拨又一拨中国商人来到这个中国邻邦,开始创业之路。

当地时间2015年4月28日早晨6点,在吉经营箱包批发零售生意的叶红尖早早来到市场,一个从外地来的客户早已等在他的商铺门口。叶红尖在吉打拼不少年头,为人勤劳热情,目前在吉乃至中亚的箱包批发市场都小有名气,而他,只是华商群体中的一个例子。

中国人能吃苦、爱动脑筋,在吉扎根的华商能很快了解当地需求,迅速从中国各地订货以填补吉市场,吉逐渐成为辐射中亚的中国商品集散地,越来越多的吉尔吉斯斯坦人从中感受到各种便利和好处。

2019年秋,叶红尖向记者讲述了他从一名小商贩如何华丽转型为行李箱生产商的故事。

行李箱样品展示

10年艰辛成功转型生产商

2009年，叶红尖怀揣着创业梦想来到人生地不熟的比什凯克市。经过与妻子的10年努力拼搏，叶红尖的生意经历了最初的服装贸易到箱包贸易，最后在吉尔吉斯斯坦投资建厂的过程。目前，他们在吉尔吉斯斯坦的行李箱生产厂已步入正轨。

缺乏市场调研，折翼中吉服装出口贸易

10年前，叶红尖经朋友介绍来到吉尔吉斯斯坦，急于有所作为的他在对市场不了解的情况下，从江苏发了几个集装箱的服装，加入了当时火热的服装出口贸易大军。由于当时吉尔吉斯斯坦的政策不允许外国人开店经营服装，他只能聘请当地人帮他销售。加之不了解当地人对服装款式的喜好，他的服装生意仅过两年就难以维持。

总结经验教训，转战箱包出口贸易

两年后，叶红尖总结经验教训，通过严谨的市场调研，从中国广州批发一批女士箱包，转行在中国商人聚集的中海市场做起了女士箱包贸易。

说起从服装贸易转行箱包贸易的决心，叶红尖说，除了市场调研，他后期加入的吉尔吉斯斯坦中商商会给了他很大的信心，特别是中海市场形成了一套健全的中国商人保护机制。于是，他租了一个比先前店面大三四倍的铺子。

当时很多朋友都说他傻，表示店面太大，租金翻了几倍，高成本造成了他生意的高风险，但叶红尖仍坚持自己的选择。他说，当初他选择从中国舒适的空调房来到吉尔吉斯斯坦的铁皮集装箱，早就做好了吃苦的准备，扩大生意是他来吉的目标。

叶红尖说，在中海市场做生意最难熬的日子是每年的严寒和酷暑，因为中海市场商铺是由铁皮集装箱拼摆而成，加上用电设施老化，市场管理部严禁商户使用空调、电暖气等大功率用电器，以防商场着火。

"每逢冬季，零下十几度的穿堂风都能把人冻透，冻僵的双手连数钱都困难，卖出商品后要先用热水袋把手焐热才能数钱。而到了炎热的夏季，待在透气性差的铁皮商铺里，就像在蒸笼中一样。"说起创业时的艰辛，叶红尖的话语中透露出他坚毅的性格。

顺应时代，倾其所有投建行李箱包厂

有着多年经商经验的叶红尖明白，吉尔吉斯斯坦作为中国商品进入世界"过境国"的地位迟早会被淘汰，加之网络的高速发展，吉尔吉斯斯坦很多零售商已经学会根据商品包装上的生产地址和联系方式直接从中国进货，在此环境下，转型已是迫在眉睫。

于是，叶红尖开始张罗在吉投建行李箱包厂。但租厂地、引进生产设备、聘请技术人员、购买原材料等环节，没有资金支持一切都仅仅是空想。2017年，叶红尖花光多年积蓄，甚至用房屋做抵押贷款，他的行李箱生产厂终于建起来。

建厂的过程远比叶红尖想象的要复杂很多，因为他本人不懂技术和设备，只能专门从中国聘请技术工人，但由于翻译人员无法精准翻译技术用词，生产效率非常低。

2017年，叶红尖每天奔波于工厂和市场之间，生产与销售的双重压力令他终生难忘。付出终有回报，经过一年的努力，叶红尖的箱包生产厂逐渐步入正轨。

随着"一带一路"倡议的落实和中吉两国贸易往来的深入，叶红尖充分利用现有政策，他的箱包已成功获得免关税出口至俄罗斯、哈萨克斯坦等国家的资格，更获得了吉消费者的认可，进入比什凯克市各大商超。

塑料箱生产车间

塑料箱生产车间

爱上了比什凯克的慢节奏生活

10年来，叶红尖已经习惯在吉的生活，把这里当成了自己的第二故乡。他每天风雨无阻，坚持早晨6点到中海市场开门营业，下午4点下班后到工厂与工人交流。

叶红尖说，如今的他更喜欢在吉的生活，虽然工作很累，但每天下班后的闲暇时光让他爱上了比什凯克的慢节奏生活。随着市场上做生意的中国商人越来越多，大家每天早晨还可以吃到豆浆、油条、包子、稀饭等中式早餐，中午也能订到炒面、盖饭等中国味道的饭菜，缓解了商人们的思乡之情。

在叶红尖的店铺内，店员工龄最长的已经有六七年。刚来时，她们大多因为没有收入，生活困难。如今，有稳定收入的店员们都成了市场内的时尚女郎。

与当地雇员相处多年，叶红尖与大家已经成了朋友，逢年过节，叶红尖都会为雇员们送去礼物，遇到生意好的年份，他还会给大家发放奖金。他的箱包厂开业后,还为当地提供了80多个工作岗位,一些勤快好学的工人已成为车间管理者,收入远超普通工人。

叶红尖的可靠、正义和友善性格让他在吉结交了很多朋友。下班后,叶红尖也常常和雇员在河边钓鱼、烧烤,相处得很融洽。他表示,如今他在吉取得的成就离不开朋友们的相互帮助。

2023年6月,记者再次见到叶红尖时,他搬到了更大的行李箱加工厂。

旅吉华商叶红尖迎难而上,海外建厂成为多国投资商考察点

记者走进叶红尖的新行李箱加工厂,听叶红尖夫妇讲述了他们4年来的难忘故事。克服新冠疫情和行业竞争等重重困难后,叶红尖不断探索更大的海外市场,工厂的良好运行也吸引了多国投资商实地考察。

从旧厂到新厂,工作环境更加舒适

走进比什凯克市自由经济开发区(简称"开发区")内叶红尖夫妇开设的"龙仕达"行李箱加工厂,工人们正有条不紊地在流水线上工作,记者依次参观了生产车间、组装车间和缝纫车间,一个行李箱从原材料到成型的整个过程一目了然。

车间内,除了机器工作的震动声,还播放着欢快的吉尔吉斯族民族音乐,工人们一边工作,一边听着音乐、吹着风扇,似乎,这样的工作并没有那么枯燥。

阿尔马兹·阿纳皮亚耶夫是工厂的老员工了,他夫妇二人从叶红尖2017年建厂就在这里工作。如今,阿纳皮亚耶夫已经是车间组长,领导着装配车间团队。

布料箱缝纫车间

　　他说，2022年前，行李箱生产在开发区内一个较小的旧厂房进行，由于厂房老旧，没有供暖设备，冬冷夏热，工作环境不好，工作效率也不高。如今，新厂房宽敞，机械设备都是自动化的，工作环境也更加舒适。

　　据了解，叶红尖投资建设的新厂房占地面积14000多平方米，厂区内还建有行政办公楼、员工宿舍、员工食堂。该行李箱加工厂是吉目前唯一的塑料箱和布箱加工厂。

　　"搬到新厂房后，员工人数从80人增加到了100余人，工资计件发放，多劳多得，有时候一个月能拿到5万索姆呢。"阿纳皮亚耶夫对现在的薪水很满意，在他看来，这里不仅工作条件好，而且工作难度也不大，很多工作都由自动化机械设备完成。

　　此外，工厂还设立了技术津贴、工龄津贴、全勤奖、年底福利，鼓励员工向技术型岗位转型，争取领取更多的工资。

一只行李箱都卖不掉的日子

生产车间二楼堆满了包装完好的行李箱。看着仓库内积压的库存，叶红尖的妻子郑婉君讲述了厂内那段"一只行李箱都卖不掉的日子"。

据她介绍，2020年年初，突如其来的新冠疫情打乱了工厂生产的所有计划。根据吉政府命令，国家进入宵禁状态，所有人都居家隔离，工厂全部停工。

租赁的旧厂停止生产，新厂建设还没有完工，公司的资金链断裂，这让贷款修建厂房的叶红尖夫妇彻夜难眠。工厂停产不到两个月，当地员工不断打来电话询问："老板，什么时候开工啊，家里连买米面的钱都没有了。"

为帮助员工渡过一时困难，叶红尖夫妇多次购买米面粮油，分发到每名员工家中。"在吉尔吉斯斯坦生活多年，当地人热情善良，他们也经常帮助我们，虽然我们也很困难，但吃饭问题是大事。"郑婉君说。

2020年5月，根据吉政府的政策，加上员工希望复工复产的诉求，行李箱加工厂"被迫"恢复生产。要知道，那时候生产的行李箱一只都卖不掉，因为没有市场需求。那段时间，工厂资金只流出，不流入，而厂内的库存则积压得越来越多。

为了放缓库存堆积速度，工厂内采取非全勤工作制度，鼓励员工多休假，既解决了工人的收入问题，又减小了工厂的压力。

恢复正常生产，迎接行业竞争

直到2021年4月，随着吉周边国家口岸陆续恢复通关，叶红尖的工厂开始正常运作。成品行李箱除了满足吉境内市场需求外，还销往俄罗斯、哈萨克斯坦和乌兹别克斯坦。虽然销量远不如2019年，但也在逐渐恢复。

如今，生产车间一年可生产约40万只行李箱，塑料箱占80%，布料箱占20%。"行李箱属于旅游产品，销售量受季节因素影响很大，7月、8月将迎来行李箱销售旺季，希望今年能多出一些库存。"叶红尖从莫斯科打来电话说。他在莫斯科已经待了两个多月了，一直在寻找新的客户和批发商。

俄乌冲突发生以来，叶红尖的行李箱生产厂销量大大降低。随着中吉物流运输恢复正常，很多商人开始从中国生产厂直接采购货物。"我们的生产材料大多是半年前通过高价物流运抵吉尔吉斯斯坦，而现在的运输成本低，行李箱价格也压得很低。我们的货物只能赔钱卖。"叶红尖说。

开弓没有回头箭，这是叶红尖夫妇办厂以来铭记于心的话。郑婉君说，他们已经做好了赔一部分钱的准备，但一定要扩大俄罗斯市场，新建的工厂需要发展，厂内100多名员工也需要工作。

包装好的行李箱

升级产品，直面挑战

叶红尖开办行李箱加工厂最初的产品定位是"老百姓都能买得起的箱子"。行李箱的款式几乎和中国生产厂同步，拉杆、手把、螺丝等20多种配件和80%的生产材料从中国采购，20%的材料在吉采购，在吉当地销售口碑不错，性价比也很高。

根据计划，下个月工厂将着手生产抗汽车碾压的特殊材料行李箱。"我们已经和国内技术人员签好了合同，下周到岗。预计自动化生产设备和生产材料下个月运抵吉尔吉斯斯坦，人员、设备、材料到位后，我们就可以开始生产了。"郑婉君介绍，为了生产这款特殊材料行李箱，他们已经筹备了一年时间，期待能用这款行李箱打开更大市场。

由于叶红尖夫妇不断追求新发展，接待考察团成了工厂的日常工作。工厂行政人员阿依古尔说，工厂的设备先进、运作良好，已经成了吉政府代表向土耳其、俄罗斯等国投资商推介赴吉投资的必到考察点之一。

6 | 科技走进生活
华为缘何成为中亚年轻人向往的地方

华为公司作为全球领先的信息通信技术解决方案供应商，一直以来都致力于科技创新。华为公司在5G技术、人工智能、物联网和云计算等领域具有强大的研发实力和技术优势。中亚年轻人对高科技有着强烈追求和广泛应用，华为公司是创新科技的代表，自然引起中亚年轻人的关注和向往。

华为公司在中亚地区建立了多个研发中心、办事处和合作伙伴网络，为当地年轻人提供了大量的就业和发展机会。华为公司的高薪、良好的福利待遇以及广阔的职业发展空间吸引了许多中亚青年男女加入，成为其梦想的职业选择。

为此，我们采访了多位华为中亚地区的员工，一起来听一听他们的故事。

贾米拉·伊曼娜利耶娃：华为帮助我成长

贾米拉·伊曼娜利耶娃是华为比什凯克技术有限公司的客户经理，已经在华为公司工作了7年，从一个怀揣梦想的女孩成长为一名骨干员工。贾米拉非常感谢华为给她这样一个机会，让她在这个公司工作，并且和华为一起成长。

我很自豪能成为这个团队的一员

贾米拉说，她刚来到华为公司的时候就被告知：请在华为长期工作。但她还有其他计划，贾米拉只想在国际大公司获得工作经验。然而，现在她已经在华为工作7年，"新人"的感觉并没有离开她。

贾米拉·伊曼娜利耶娃

可能是因为华为公司在成长、发展，所有的员工都和她一样，是"新人"。新的决定、新的产品、新的技术，所有的员工每天都面临着新鲜事物。对于华为公司来说，培训员工是优先发展方向之一。

贾米拉工作的销售部门，或者按她所说的就是前线，工作好像上战场一样。每天他们都要和新的订单、新的伙伴、新的项目打交道。对他们而言，对整个公司而言，客户是胜利和成功的重要组成部分。销售部门的工作关键在于跟合作伙伴建立信任关系，注重互利合作。推进项目、解决问题，包括与竞争对手合作都是贾米拉和她的同事每天要遇到的挑战。

在华为公司上班，不仅仅是字面意义的工作，这是一个长久的事业，是一种持续的学习，会经历日常的胜利和失败，从中可以得到快乐和成功。华为是一个大家庭，是一个强大的团队，有着团结的精神，最重要的是，在这里工作是很好的机会。

贾米拉的工作中，有时会出现"濒临崩溃"的情况。"有一次我们为参加一个非常大的项目提交了申请。整个团队为投标做了一个多月的准备，进行了大量谈判，所有技术细节都调整好了。我负责将应用程序提交到门户网站。在截止时间前的几分钟，我们的材料被踢出网站，然后不得不重新进入。就在千钧一发之际，我忘记了密码。不知道是兴奋还是疲劳，密码一直输不对，这时候需要整个团队的力量支持。全办公室的人都围在我身边，有人慌里慌张的。突然有一个安静的声音说：'一切正常，还有时间，注意力集中。'我永远也不会忘记这一刻。最后我们总算成功提交了材料。"

贾米拉说，这种危急情况和整个项目的准备工作，表明团队力量的重要性，也体现了管理层在重要程序中的参与和在关键时刻的支持，这就是公司文化，我为人人，人人为我。

"还有一个例子，为吉尔吉斯斯坦的大型运营商推出4G服务。这是移动领域的一个巨大突破，他们实际上书写了历史。能够有机会参与这个进程是非常值得的。总的来说，很多项目都实现了，这些项目变得十分重要，并且改变了人们的生活。有机会参与这类项目，从创意到实施，这就是衡量我工作成功的标准。"贾米拉说。

机会让我快速成长

华为公司一直给员工提供在工作中做决定的机会。"这是非常负责任的，非常有趣，同时也很可怕，你做的决定可能无法带来预期的结果。领导层控制流程，给予建议并在必要时行动，但我们总是被告知要学会自己管理项目。这部分工作可能是最有乐趣的。工作过程本身就很有趣，更有趣的是，我们可以看到几轮谈判过后的变化，并在最后享受到对双方都有利的预期结果。"贾米拉对自己负责的工作这样描述。

华为经常让员工接受培训、学习，包括去其他国家的办事处接受培训。当他们去国外接受培训的时候，有机会与来自世界各地的同事进行交流，分享经验，互相了解信息与通信技术（ICT）在各自国家的进程和发展。实际上有助于员工的工作，激励大家做出新的成绩，提供与当地伙伴沟通的"食粮"。

"有一次，我被派往中国学习，培训是用中文进行的。我是唯一的一个外国人。我当时很害怕，我担心自己不能理解培训内容。但培训结束后，我意识到这次培训对我来说非常有帮助，不仅提高了我的汉语水平，更多的是我走出了舒适区，在不熟悉的情况下交流和沟通我的想法与观点。在这方面，我感谢领导给了我这样的机会。他们认为，你需要被放到某个不太习惯的环境，这样可以促进发展。华为公司就是这样。停滞不前是坏事，我们要不停地发展，要在生活的各个领域都有所发展。例如，我们办公室有一个健身房，这也是一个指标。说明华为公司关心员工健康。真的，这种做法很酷。"贾米拉自豪地说。

获得宝贵的经验

对贾米拉来说，重要的是，她工作的公司给她带来了巨大的利益，并为她的祖国发展做出了贡献。

华为比什凯克技术有限公司在吉尔吉斯斯坦成立已近20年。20年来，华为公司帮助其合作伙伴建立了高质量的网络，使吉尔吉斯斯坦每个公民都有机会使用蜂窝移动通信和互联网。通过互联网，吉尔吉斯斯坦民众可以迅速了解世界各地正在发生的事情，与世界分享吉尔吉斯斯坦发生的一切。

如今，数字化浪潮席卷全球，吉尔吉斯斯坦正在努力跟上世界的步伐，在各领域中引入数字技术，帮助各个行业提升生产效率，实现转型发展。作为全球领先的ICT解决方案供应商，华为公司致力于参与吉尔吉斯斯坦的数字化转型，提供高质量的产品和解决方案，愿将数字生活带给吉尔吉斯斯坦的每一个家庭、每一个组织和每一个人。

阿尔马兹·埃尔格绍夫：
幸为华为人，见证华为给吉尔吉斯斯坦带来改变

多年前，阿尔马兹·埃尔格绍夫还是一名普通的电子工程师。他曾在吉尔吉斯斯坦多家电信公司和政府机构工作过，过着早出晚归的生活，经常利用晚上的时间出去摆摊修手机补贴家用。直到有一天，朋友的一通电话让他的人生轨迹发生了改变。

2004年的一个工作日，朋友打电话鼓励他去应聘一家国际通信公司——"华为"。这个名字对阿尔马兹·埃尔格绍夫来说并不陌生，因为之前他已与华为公司的电信设备"打过交道"。抱着试一试的心态，阿尔马兹·埃尔格绍夫走进了华为比什凯克技术有限公司的办公室。

通过专业的技术操作和英语测试后，阿尔马兹·埃尔格绍夫如愿成为一名华为员工。

阿尔马兹 · 埃尔格绍夫

3 个月时间，我们做到了

2008年，华为成为吉尔吉斯斯坦第一家引进3G网络的公司，而对于阿尔马兹·埃尔格绍夫来说，这是一次创新技术实战操作的严峻考验，为期3个月的紧张工作让他终生难忘。

"我去了中国，接受了新技术的特殊培训，学习了理论知识，为吉尔吉斯斯坦3G网络的开通做足了准备。"他回忆道。

"而就在同一时间，另一家大型通信设备供应商也被委托在吉尔吉斯斯坦引入新一代3G网络。我们的时间有限，必须在3个月内完成新设备的安装与调试。"阿尔马兹·埃尔格绍夫说，当时华为比什凯克技术有限公司还是一个不到30人的小团队，而直接实施新一代3G网络项目的只有5人。时间短，人手少，新设备以及随时可能遇到的新问题，让他在那段时间感受到了肩上的重任。

"3个月时间，我们几乎是没日没夜地工作，直到新网络正常运行，这才松了口气。但我们做到了！以前，最快的通信方式是打电话，而3G网络开通后，吉尔吉斯斯坦人民享受到了随时随地视频通话的便利！"阿尔马兹·埃尔格绍夫说。

专业的前提是不断创新与实践

阿尔马兹·埃尔格绍夫说，华为公司通过不断的产品创新奠定了行业领先的地位，公司也致力于将领先的通信设备带到各个国家。

2006年，华为公司在吉尔吉斯斯坦引入了3Mb/s的数据传输速度，这在当时是令人难以置信的速度。第二年在邻国的一次成果展示会上，阿尔马兹·埃尔格绍夫被问到吉尔吉斯斯坦是否有相同设备时，他的一句"我们去年就安装了相关设备"引起了很多人的关注。

他表示，华为公司每次的设备更新，都会召集在世界各国的技术人员前往中国学习，以便为新设备的运行做好准备。

"公司经常组织技术人员学习新技术，提高他们的技能水平，并定期参加考试。我们几乎每年都会去中国接受培训。必要时，总部的专家也会通过远程视频展示公司的新成果。"他说。

办法总比困难多，热爱工作让我成长

阿尔马兹·埃尔格绍夫说，吉尔吉斯斯坦是高山国家，很多基站都建在山上，如果设备出现问题，在维修的过程中再遇到恶劣天气，他们的工作就变得越发艰难。

他回忆，曾经有一次，巴特肯州的无线电中继站发生故障，而事发时又遇上大雪天气，从比什凯克并没有飞往巴特肯的航班。

为尽快解决问题，他先乘飞机到奥什，然后从奥什乘出租车到巴特肯州，光路上就花费了近一天的时间。

阿尔马兹·埃尔格绍夫说，华为公司的信号员有一个传统，去基站时要带些礼物。出租车把他送到山脚后，他背着满满一包工具和礼物开始爬向山上的基站。那时，天色已有些黑沉沉的了，他必须在一个半小时内赶到山顶。夜幕、寒风加之大雪，唯一支持他前进的力量便是山上那零星的微弱灯光。他说，到达山顶后，他很快就调试好了设备。现在回忆起那次经历，仿佛还有一种碎冰碴打在脸上的隐约刺痛感。

吉尔吉斯斯坦 22 岁女孩在华为当 HR，懂 4 门外语

今年22岁的阿齐扎·特纳利耶娃懂4门外语：英语、汉语、法语和土耳其语，在华为研究中心上班。她如何做到这一切，在华为上班有哪

些感触？

阿齐扎来自特纳利耶夫家族，比什凯克有一条街正是以她祖父的名字命名的。家里出了一位历史知名人物，这当然令人骄傲，但提起童年生活，阿齐扎当时的英雄则是她的妈妈。后者的美丽和智慧对她来说至今都望尘莫及。

在比什凯克读小学时，阿齐扎非常调皮，不止一次在学校打架。因为穿着宽宽大大，她还经常被误认为小男孩。七年级前她喜欢数学，在这之后又开始喜欢人文学科。个性十分叛逆。

2010年，妈妈将13岁的阿齐扎送去中国海南学汉语，当时她已改变了很多，身上的叛逆被毅力和坚韧代替。她努力学习，用这种方式证明妈妈的钱没白花，还通过给中国学生教俄语赚取生活费。

阿齐扎毕业于土耳其中东技术大学，主修工商管理。四年级时，她决定申请"Erasmus+"交流计划。就这样，在获得奖学金后，阿齐扎来到了瑞典，在林奈大学学习。

最让她难忘的是入境时，一名边防军人热情地向她和同伴打招呼，之后开始和同事就低频编程继续对话。阿齐扎立刻被迷住了："哇！一个普通边防军人，有这么厉害的爱好。"当然，这种观点是一种刻板印象，因为每个瑞典人都有一些酷爱的东西——无论是木制工艺品、极限运动还是电子游戏。女孩也一样。

在瑞典，人们对吉尔吉斯斯坦文化非常感兴趣。一次，阿齐扎决定参加由国际学生协会组织的活动，向同学们展示民族文化和风俗。她召集朋友们一起做饭，为大约200名活动参与者准备了包尔沙克、奶酪馅饼和两大锅胡尔炖。

在晚上的演讲活动中，阿齐扎口中的游牧民族文化、叼羊大赛、赛马引起了大家的兴趣。演讲结束后，同学们纷纷挤到阿齐扎身边，询问更多游牧民族的趣事，品尝新奇的食物。几乎所有人都很喜欢吉尔吉斯斯坦美食。

　　华为公司作为一家国际化的企业，注重文化融合和多元性。在中亚地区，华为公司的工作环境和企业文化融合了中亚的特色和价值观，给予中亚年轻人更多的认同感和归属感。华为公司提倡开放、包容和多元的文化氛围，鼓励员工跨文化交流和合作，使中亚年轻人能够在华为这个大家庭中找到归属感，并与不同文化背景的人共同工作和成长。

　　一年半前，阿齐扎受聘来到华为研发中心（莫斯科）任HR（人力资源管理）。在这之前，她在另一家从事酒店行业的中企工作。按照她的说法，华为录取她的标准是汉语和英语能力、人力资源方面的经验，曾在中国学习并在中企工作也是她的加分项。

阿齐扎 · 特纳利耶娃

　　阿齐扎喜欢华为公司的规模，也喜欢自己的工作——从各种国际比赛参赛者中甄选专业人才，尤其喜欢在这些比赛中看到自己的同胞。

对大部分人来说，华为就是智能手机品牌。但在了解华为公司后，阿齐扎才知道，实际上，华为在三个领域提供服务和产品：智能设备、网络、云计算。研发中心是公司的大脑，是研究人员进行探索和产品优化的场所。

华为公司里的员工享有较大的灵活性，这通常对专业人员的全球增长产生积极影响。此外，阿齐扎感受最深的是，中国人是工作狂，为了达成目标不惜代价。

阿齐扎能说流利的汉语和英语，拿到了汉语水平考试5级证书，雅思考试8分。她的法语水平也不错，法语水平考试拿到了中高级。土耳其语也能对话。

她相信，奉献精神对任何行业都很重要。当达到一定水平，复杂和困难就不再让人望而生畏，而是感觉自己有能力应对。最重要的就是感受到这一点。随着对另一门语言的了解，会产生对其文化的被动理解和接受，学会像母语者一样思考、理解。而正确施加压力有助于进行对话，这也是阿齐扎在中国学习语言时所经历的。

作为全球知名的科技品牌，华为公司在中亚地区建立了良好的品牌影响力和口碑效应。华为公司的高质量产品和先进技术赢得了中亚消费者的信赖和认可。

因为童年时想当设计师，阿齐扎梦想在吉尔吉斯斯坦为年轻艺术爱好者建立一所高级学校，还梦想在自己的家乡建造带有斯堪的纳维亚风格的小城镇。

华为在比什凯克成功举行 5G 商用测试

随着现场一位工作人员快速在平板电脑上写下自己的名字，并向一个机器人发出指令，几秒钟后，机器人就把工作人员的名字刻在了一个镀金的奖章上。这一快速流程正是凭借第五代移动通信技术（5G）才得以实现。

在吉尔吉斯斯坦比什凯克市某大型购物中心内，由华为比什凯克技术有限公司与该国移动运营商MegaCom公司共同举办的5G网络传输速度测试及5G应用专题展览正式开幕。

吉尔吉斯斯坦数字发展部部长塔兰特·伊曼诺夫在展览开幕式上表示，吉尔吉斯斯坦正处在迈过新一代通信技术门槛的时期，这将对国家经济社会发展产生重要影响。5G通信技术可以广泛应用于物联网、人工智能、大数据、先进制造业等各项经济数字化发展进程中。

MegaCom公司负责人阿扎特·巴扎尔库洛夫说，随着5G技术的推广，吉尔吉斯斯坦将对日常生活和经济领域进行数字化改造。该技术将广泛应用于能源、医疗、教育、交通、农业、工业、智能家居、智能城市系统和其他领域。

"MegaCom很荣幸成为吉尔吉斯斯坦首个提供5G服务的移动运营商。举办今天的展览之前，我们做了大量工作，旨在为广大普通用户、大型企业和国家机构提供高质量数字通信服务。"巴扎尔库洛夫说。

华为欧亚地区部副总裁刘通说，例如在教育领域，5G技术与大数据、人工智能的整合正在加速教育信息化，促进教育公平化。新技术的应用使教育机构可以突破传统教学方式，为数百万人提供在线学习的机会，特别是为偏远地区的学生提供优质教育。

据刘通介绍，华为公司在吉尔吉斯斯坦发展的24年间，见证并参与了吉尔吉斯斯坦移动通信网络由2G到4G，再到如今5G网络的发展历程。

"未来，5G不只是单纯的通信网络。它将成为社会的关键基础设施之一，就像道路或电力网络一样。"刘通说，华为公司在该领域可以发挥很大的作用。

华为比什凯克技术有限公司总经理杨天笑说，目前，华为公司与MegaCom一起推出了两个5G通信网络测试基站。

"今天在现场的网络传输速度稳定地达到了1.8Gb/s。这比4G网络理论最高速度快近10倍。未来我们将继续与吉尔吉斯斯坦移动运营商、政府、大型企业等一道推进该国5G网络建设，加强与医疗、教育等机构合作，推广5G网络应用场景。"他说。

据刘通介绍，近年来，华为在5G研发方面投入了大量人力和物力。华为主导全球5G技术超60%的标准制定。截至2021年9月，华为公司拥有15.9%的5G有效专利，位居全球同行业公司榜首。目前全球共有约220万个5G基站，其中华为公司设备采用率超过120万个，占比54%。

据了解，华为公司还积极参与吉尔吉斯斯坦信息与通信人才的培养。华为公司携手吉尔吉斯斯坦五所大学建立了信息与通信学院，举办信息与通信夏令营和"未来种子"项目，为吉尔吉斯斯坦培养信息与通信领域教师和高科技人才。

吉尔吉斯斯坦数字发展部部长塔兰特·伊曼诺夫等在测试现场体验华为5G应用

当天活动现场，伊曼诺夫在5G应用专题展览厅亲自体验了5G技术在虚拟现实场景下的应用。对于5G技术在智能化制造业方面的应用，伊曼诺夫也颇为关心。在一座数据中心模拟展台前，听完工作人员关于数据中心如何助力数字基础设施建设的介绍后，伊曼诺夫连连点头称赞。

据悉，该展览将持续一个月，在此期间，市民可免费前往参观并体验5G技术应用。

华为公司成为中亚年轻人向往的公司的原因是多方面的。从科技创新和就业机会到创业支持和社会责任，华为公司在中亚地区为年轻人提供了广阔的发展平台和机遇。同时，华为公司注重文化融合和多元性，以及技术培训和职业发展支持，使中亚年轻人能够实现自己的职业梦想。华为公司的品牌影响力和口碑效应也为中亚年轻人提供了一个值得信赖和追求的目标。华为公司在中亚地区正不断赢得年轻人的向往和尊敬，成为他们追求成功和成长的理想之地。

7 | 越来越受欢迎
中医在吉尔吉斯斯坦

吉尔吉斯斯坦独立不久，一位国会议员就提出，希望中方派中医团队到吉推广中医理疗，通过中西医结合方式减轻病患痛苦。1994年，中国新疆伊宁市卫生局局长带着第一支中医专家团队抵吉开展工作。经过近30年的发展，多家中医门诊陆续在比什凯克开诊，吉当地民众对中医的认可程度也越来越高。共建"一带一路"倡议提出以来，中吉两国中医交流更加频繁，不少吉尔吉斯斯坦青年也开始学习中医，他们通过中西医相结合的方式治病救人，加深了两国人民之间的传统友谊。

13 国病患万里赴吉，为寻求这位华侨老中医

在距离吉首都比什凯克约20千米的坎特市，有一家中国中医医疗中心。这家医院不仅是附近民众寻医问药之所，更有不少周边国家的患者慕名而来，全是因这里的"坐堂大夫"华侨老中医朱广武声名在外。

"我做梦都没想到，这辈子能给13个国家的患者看病。"老中医朱广武回忆在吉行医经历时说。

年近80岁的朱广武满头白发，慈眉善目。虽然早已到了安享晚年的年纪，却因患者的一句"您千万不要走，您要救我们一命"，一年又一年在吉坚守了近30年。

坚守近 30 年，只为不辱使命

1994年1月23日是朱广武永生难忘的日子。那一天，受吉政府的邀请，在新疆伊宁市卫生局局长的带领下，50岁的朱广武与其他几名中医医师来吉创办中医医疗中心。"刚来的时候我们被分配到坎特市医院工作，虽然生活条件艰苦，但我们并不害怕。最难的是语言不通，很难开展工作。"他说。

生活中的困难是可以克服的，但不会俄语却时常让朱广武面对病人时干着急。"医院前后招聘了不少会俄语的翻译，日常交流还可以，但遇到医学专业术语他们便一窍不通。直到现在，也很难买到中医专业术语俄汉词典。"朱广武说。

为了更好地治病救人，到吉不久的朱广武就开始学习俄语。基于初中时有一定的俄语基础，加之勤奋上进，朱广武在短短7个月时间内便能独自用俄语为患者看病。

1998年，朱广武辞去了坎特市医院的工作，在坎特开设了一家私人中医医疗中心。该医疗中心位于马路边一栋不起眼的建筑内，有一间诊疗室和一间药房，诊疗室内陈设简单。朱广武靠着自己几十年积累的中医学知识，在这里为中亚五国、俄罗斯、阿塞拜疆等13个国家的患者看过病。

朱广武说，他是中国政府派至吉推广中医医疗的第一批医生，肩负使命，治病救人是他的行医宗旨，他能做的，就是尽

朱广武（中）为患者看病

最大努力减轻患者的痛苦。

"在吉尔吉斯斯坦行医近30年，如今，他们（患者）都非常相信中医，我也从未忘记我的职责。"他说。

能帮尽帮，不知救活了多少人

朱广武所在中医医疗中心的牌子经过多年风吹日晒，上面的字已经模糊不清，但这从未妨碍患者们不远千里前来求医。他们带着检查报告单，或从吉尔吉斯斯坦其他城市，或从哈萨克斯坦、乌兹别克斯坦等其他国家赶来，只为能让朱广武给他们号一号脉，治疗他们的疑难杂症，减轻病痛折磨。

朱广武的中医医疗中心没有现代化的挂号设备，更不能网上预约，大部分前来看病的患者都是经朋友推荐而来。即便如此，前来诊疗的病人仍然络绎不绝。

朱广武曾日接诊患者人数达40人，由于过度劳累，如今79岁高龄的他每天最多只能接诊20人。"年龄大了，我身体不太好，接诊超20人我就头晕，太累了。"

护士叶莲娜·洛蒂绍娃在朱广武的中医医疗中心工作已22年，她对朱广武的评价是"一位善良的智者"。

"他是一个充满智慧、富有同情心、善良、友好的老中医。家庭困难的人来看病，他都会为他们减免一部分医药费，这一点很令我感动。"洛蒂绍娃说。

朱广武总是怀着"能帮尽帮"的善意行医，他自己都记不起救活了多少人。前来医疗中心祈祷他身体健康的人从未间断，他们最大的希望就是朱广武每天都能精神抖擞地说"我很好，别担心"。

笑脸是对他最好的回报

如今，朱广武的大部分家人都在中国，虽然家人对他的工作一直都是全力支持，但他们也非常担心朱广武的身体，毕竟他已年近80岁，还患有脑动脉硬化等疾病。

朱广武又何尝不想家呢？记者那句"想家了怎么办"让这位老者彻底破防，老人的眼泪止不住地往下流。

"不说话，不说话。"一时间，我们的采访中断了。也许，千言万语也道不尽朱广武几十年来对家人和对祖国的思念。

近30年来，朱广武将他的热情与全部心血播洒在了吉尔吉斯斯坦土地上，患者们康复后的一声声道谢和一张张笑脸便是对他最好的回报。"我付出了我所有的心血，我对得起国家，对得起他们（患者），我不辱使命。"朱广武说。

朱广武（左）接受记者采访

"您千万不要走，您要救我们一命。"这是朱广武最近听到最多的话。

"我会尽全力给大家看病，如果能坚持就坚持到年底，如果坚持不到年底，那就需要提前回国，我身体不太好，精神状态很不好，家人也很担心。"朱广武说。

"丝路健康行"——中医义诊走进吉尔吉斯斯坦

共建"一带一路"倡议提出以来，中吉两国中医交流更加频繁，甘肃中医药大学附属医院的中医义诊活动也走进了吉尔吉斯斯坦。

2015年10月29日，由中国驻吉大使馆主办、为期一周的"丝路健康行"中医义诊活动在比什凯克中医中心进行。来自甘肃中医药大学附属医院的多名专家和中药师等利用毫针针刺、艾灸、拔罐、中医推拿等中医传统治疗方法免费接诊在吉机构、中资企业工作人员以及华侨华人。

甘肃中医药大学附属医院医疗队为吉尔吉斯斯坦患者会诊

"正规、专业、现代化,在海外能有如此规模的中医中心真是我们多年的期盼!"旅吉华侨陈晓烽高兴地说,他因为背疼前往甘肃中医药大学附属医院比什凯克中医中心接受拔罐义诊。

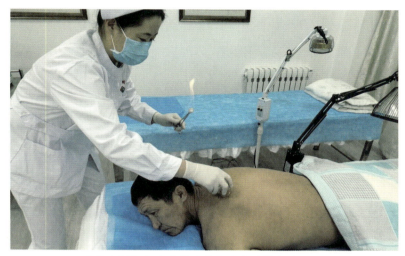

吉尔吉斯斯坦患者体验中医治疗独特方式

走进现代化气息浓厚的中医中心,记者看到了中药药房、针灸治疗室、推拿室,除了传统的中医治疗用具外,该中心还配备了中药免煎自动配方机、颈椎治疗仪等从中国运来的先进医疗设备。

听说有义诊活动,几名70多岁的老华侨慕名前来。接受治疗后,这些老华侨面带舒心的笑容告诉记者,他们很高兴能找到一家靠谱的中医中心来治疗多年不愈的腿病和腰病。

甘肃中医药大学附属医院比什凯克中医中心主任秦晓光是这次义诊活动的主要负责人,他告诉记者,中医中心开展的针灸、艾灸、刮痧、拔罐、推拿牵引、小针刀、中药口服、中药熏蒸、火疗等中医诊疗方法对治疗卒中、面神经炎、神经性耳聋、关节炎、腰椎间盘突出症、颈椎病、消化系统疾病、泌尿系统疾病方面具有独特的优势，因此，不少患者闻讯赶来。秦晓光也希望通过一周时间的义诊活动帮助更多患者。

秦晓光介绍说，比什凯克中医中心是中吉两国"一带一路"中医药合作交流的一个重要项目，目前中心筹备工作已基本结束，将正式挂牌。除开展中医内科和针灸推拿的临床工作外，中医中心还将与吉尔吉斯斯坦国立医学继续教育学院合作，对吉尔吉斯斯坦的中医从业人员进行中医针灸培训。

据了解，吉尔吉斯斯坦中医门诊数量最多时超过10家，看中医已经成为吉民众的日常就医选择。2023年2月，甘肃中医药大学附属医院又向吉派出了新冠疫情后的第一批医疗队员。

甘肃中医门诊开至吉尔吉斯斯坦——"针"招圈粉

2023年2月27日一大早，位于吉尔吉斯斯坦比什凯克市苏优巴耶娃大街123号的中国－吉尔吉斯斯坦中医药中心正式开诊。当日，甘肃中医药大学附属医院姚小强医师、董莉莉医师、靳晓峰药师、李雪溶护师为56名患者提供了悉心的诊疗服务。

中医药中心窗明几净，就诊环境舒适整洁，候诊大厅中央悬挂了中吉两国国旗，在白色墙壁映衬下熠熠生辉，象征中吉友谊蓬勃发展。当日开诊前举行了简洁而庄重的开诊仪式，中医药中心全体工作人员、吉方友好人士、在吉甘肃中医药大学留学生、就诊患者及家属共计200余人参加了仪式。

姚小强主任医师表示，甘肃中医药大学附属医院选配最优秀的医护人员为吉尔吉斯斯坦人民健康做出不懈努力，推动两国文化的深入交流，进一步促进中吉人民友谊良好发展。

在开诊仪式上，患者代表为中医药中心工作人员献上鲜花，并对2015年以来中国-吉尔吉斯斯坦中医药中心医护人员通过精湛的医术和良好的服务，为吉尔吉斯斯坦人民带来的健康福音，表示诚挚的感谢和崇高的敬意。

医疗团队为患者进行了毫针针刺、拔罐、艾灸、蜡疗、中药熏洗等中医特色治疗。就诊结束后，患者纷纷表示对疗效十分满意，部分初次接受针灸治疗的患者难掩内心喜悦，直言达成了一次美好而独特的治疗体验。

据介绍，这是甘肃中医药大学附属医院派出的第五批医疗队员，也是在新冠疫情后派出的第一批医疗队员，特增派有经验的中医医师2人，增加诊疗项目，扩大中心规模。该院派出擅长中医药传统疗法、中医特色突出的针灸专业医护人员，未来将持续保持人员轮转，秉承优良传统，发扬仁心、仁术、仁爱的精神，全面拓展在中亚地区的中医药国际文化交流事业，让中医药之花在"一带一路"上灿烂绽放。

随着传统中医文化在吉不断发展，该国越来越多的年轻人看到了中医理疗工作的前景，小伙穆尔萨利姆·库巴内奇别科夫便是其中的一位。

吉尔吉斯斯坦小伙与中国中医的不解之缘

中国中医以独特的阴阳五行理论为基础，以"望闻问切"四诊合参方法，为人类健康事业做出了突出贡献。中草药、针灸、推拿、按摩、拔罐、食疗等多种综合治疗手段为中国医学蒙上了一层神秘面纱，尤其是汉字文化圈以外的外国人对中医始终持有一种既好奇又质疑的态度，而正是因为神秘才使很多人对中医心向往之。

　　穆尔萨利姆·库巴内奇别科夫是吉尔吉斯斯坦以中医为专业，而且熟知中医理论的专业人士。在谈及自己所热爱的事业时，这位年轻又充满梦想的吉尔吉斯斯坦小伙向记者娓娓道来他与中国的奇缘和他与中医的故事。

穆尔萨利姆·库巴内奇别科夫

秉承父志看好中医的发展前景

　　库巴内奇别科夫出生于医学世家，父亲对其专业的选择产生了一定影响。初中毕业后，他的父亲将他送往新疆大光华国际学校，那时的他就已经决定跟随父亲的脚步，为人类医学事业贡献自己的力量，但究竟是选择中医还是西医，他十分彷徨，无法做出抉择。

　　此时，库巴内奇别科夫父亲的建议为他的选择确定了方向。多年从事医疗事业的父亲认识到中医的发展前景，认为他选择中医将会大有作为，而且父亲认为，随着医疗技术的发展，中草药治疗方法必将得到患者的认可。

库巴内奇别科夫说，在去中国之前，他没有任何中文基础，在新疆进行为期一年的预科班学习后，他具备了一定的汉语基础，紧接着又去郑州语言培训班接受了专业培训，之后辗转深圳和上海各进修了一个学期。在这种高强度的训练下，他的汉语水平很快达到了HSK6级，良好的汉语基础让他可以轻松进入中国绝大多数大学学习，也为他能理解深奥的中医学专业名词和理论打下了坚实的基础。

高中毕业后，库巴内奇别科夫向中国两所医药大学提交了奖学金申请，一所是上海中医药大学，另一所是一所西医大学。他略作考虑，决定接受父亲的建议，选择了上海中医药大学。

求学艰辛抵挡不住梦想的脚步

"不得不承认，用汉语学习中医确实是件很难的事，我们班大多数同学都是从国外回到中国的中国人，对他们来说汉语根本不是障碍。为了扩大自己的知识储备，所有空闲时间我都在图书馆里度过，可以说在中国度过了一段平凡但又不平淡的高中和大学时光。我掌握了很多医学术语，因为我知道如果今天不掌握，那么明天在理解新题目上就会出现困难。"库巴内奇别科夫说。

他说，很庆幸自己选择在上海中医药大学深造，这所大学教会了他很多知识，为他今后的事业奠定了坚实的基础。

他还说，获得这所学校的奖学金非常困难，因为它要求所有科目成绩都不能低于80分，来自独联体国家的学生本身就不多，能够坚持到最后的更是少之又少。

"大学毕业后，我在中国医院实习了一年。实习工作十分辛苦，每名医生每天接诊数量不少于100人，每天深夜才能回到家，第二天一大早又要出门，几乎没有任何空余的时间。这些早出晚归的日子让我真切地感受到生活在中国大城市的艰辛。即便如此，我依然很庆幸在我的生命里有过这样一段时光，因为我的确收获了宝贵的经验。"他说。

此外，在中国的实习经历也提高了他的汉语水平。众所周知，中国各地方言差别很大，医院的患者大多数都是上了年纪的人，在和他们打交道的过程中，库巴内奇别科夫学会了很多上海方言。

计划在欧洲推广中医

毕业后，库巴内奇别科夫回到吉尔吉斯斯坦，在一家中国诊所工作。他说，中西医有很多不同之处，最大的不同就在于研究疾病的理念不同：中医认为人是一个整体，各个组织、器官共处于一个统一体中，故而中医多从整体的角度来对待疾病的治疗与预防，特别强调整体观，以宏观的思想来认识疾病，通常都是通过全身治疗来达到治疗某一部位疾病的效果。西医注重微观证据，注重对症治疗，头痛医头、脚痛医脚。

库巴内奇别科夫认为，学习中医后，他在实践过程中经常将中医的针灸、推拿等治疗方式融入西医，中西医结合的诊疗方法可以让患者更快痊愈。

库巴内奇别科夫说，相比欧洲人，吉尔吉斯斯坦人更容易接受中医，因为吉中两国都有自己的传统医学，且都相信本民族传承久远的医术，但他们又不排斥

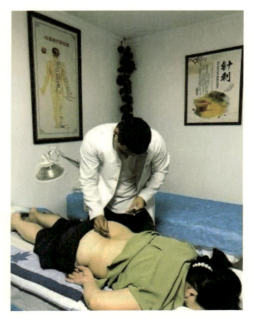

穆尔萨利姆·库巴内奇别科夫为患者
进行针灸治疗

其他的医学理念。很多吉尔吉斯斯坦人都愿意大胆尝试针灸和推拿等疗法。

目前，库巴内奇别科夫所在的诊所在当地已小有名气，每天接待患者数量最多可达到70人左右。

库巴内奇别科夫说，因为他的父亲在欧洲工作，所以他经常往返于吉尔吉斯斯坦和欧洲。不久前，他在父亲的工作地为一位浑身疼痛的德国妇女进行针灸治疗，只经过一次治疗，这位患者就感到了明显的好转。第二天，她专门登门致谢，她说多年的病痛终于得到了缓解。

有了在吉尔吉斯斯坦积累的经验和这样的经历，库巴内奇别科夫计划和父亲在欧洲进行中医推广。

根据史料记载，唐朝以后，中医理疗就在中亚地区广泛传播。如今，除吉尔吉斯斯坦以外，中医在中亚其他国家也发展得很好。

中国－中亚传统医学交流前景广阔

近年来，随着中国与中亚各国传统睦邻友好与互利合作关系持续深入发展，双方在经贸、交通、人文等各领域务实合作不断扩大，其中传统医学领域交流与合作迅速发展。中医药逐渐被中亚人民广泛接受，有病看中医吃中药，如今在中亚已不是什么新鲜事了。

中国同中亚传统医学交流有着悠久的历史。根据古代中医史和世界医学史记载，唐朝以后，中国医学理论和著作就开始大量外传到中亚地区。差不多在同一时期，包括中亚地区在内的伊斯兰世界用阿拉伯文整理汇集的阿拉伯医学也逐渐兴起，其内容融汇了大量中国医学的理论和实践。

中亚国家有重视针灸、中草药的传统，发展中医药有良好的基础。特别是近年来，随着中亚各国政府加大对医疗卫生事业的关注和投入，为中国同中亚国家开展传统医学交流提供了广阔的空间。根据相关资料，吉尔吉斯斯坦政府非常鼓励设立中医诊所，为此专门成立了相应机构，负责管理中医诊所和中草药、中成药等市场。首都比什凯克市开办了数十家个体中医诊所，但还是满足不了需要，一些吉尔吉斯斯坦民众专程来华接受中医针灸推拿治疗。两国有关医药公司建立了合作关系。比什凯克市政府代表团还曾专程访问过北京中医医院。

塔吉克斯坦有许多到中国学习中医药的留学生，有的一学就是十几年，从学中文到中医针灸本科、硕士，再到博士。该国卫生部曾派团访问中国中医科学院，考察和了解中国传统医学的发展，探讨双方在传统医学方面的合作。

乌兹别克斯坦作为中亚人口最多的国家，在发展中医药方面受苏联的影响最大。20世纪80年代，苏联共有7个针灸疗法教学中心，其中一个就设在塔什干。乌兹别克斯坦独立后，该国医药行业发展较快，政府积极鼓励发展中医药，中医药的市场需求潜力也较大。

哈萨克斯坦目前流行中医风，中医按摩、中药理疗、中式美容等都被视为最健康、最环保、最神奇的治疗方法。不少政府官员及其家属经常到中国来理疗治病，甚至还邀请中医专家赴哈萨克斯坦就诊。当地居民对副作用小、疗效好的中草药非常喜欢，经常托人赴华采购。

土库曼斯坦对植物疗法——草药疗法更是情有独钟，在民间医学中已被使用的药用植物有2000多种，目前有100多种允许在医学科学中使用。拥有医学博士头衔的前总统别尔德穆哈梅多夫非常关注本国医疗事业发展，致力于推动药用植物研究，著有《土库曼斯坦药用植物》一书，详细介绍了200余种药用植物在土库曼斯坦的分布情况、生长习性、化学成分以及配制和服用方法等，具有很高的医药参考价值。2011年他来华访问前夕，中土双方还专门在北京举办了该书的中文版首发式，有力推动了两国在传统医学领域的合作。

8 | 传递光明和友谊
特变电工精品工程造福"一带一路"沿线国家

诞生于新疆昌吉市的重大装备业制造企业——特变电工股份有限公司（以下简称"特变电工"），作为中国电力设备行业龙头企业，在中国和丝绸之路沿线国家共建"一带一路"过程中积极担当作为，打造精品工程。从夏季酷暑难耐的南亚巴基斯坦、印度，到冬季滴水成冰的中亚国家塔吉克斯坦、吉尔吉斯斯坦，特变电工充分利用新疆的地缘和人文优势，借助"一带一路"倡议的东风，推动"电力丝绸之路"和世界能源互联网建设，用输电线路传递光明和友谊。

穿越无人区，在高山之国建设"电力生命线"

走在吉尔吉斯斯坦比什凯克—巴雷克奇公路上，沿着山谷间可以看到矗立着的高压输电网，银色的塔架在阳光下熠熠生辉，非常壮观。这是达特卡—克明500千伏输变电工程，是特变电工完成的项目。

在吉北部有很多海拔5000米以上的冰峰雪岭，伊塞克湖州的胜利峰海拔为7439米。达特卡—克明500千伏输变电工程施工线路长达400多千米，工程区域中的80%处于常年积雪的崇山峻岭和偏僻荒寂的无人区、无路区，最高海拔达4000多米，每年有8—9个月被积雪覆盖。由于没有道路，特别是要翻越两座常年积雪的高山，材料供给很困难，施工难度极大，而且施工周期也很短，堪称是世界上施工环境和条件最艰苦的电力工程之一。

纵贯吉尔吉斯斯坦南北的电力大动脉

在项目进行招投标时，英美等国企业也曾竞相咨询，但在实地考察后纷纷打了退堂鼓。中国新疆特变电工股份有限公司凭借丰富的高海拔作业经验，迎难而上，并做好了充足的准备，如对施工人员进行严格的安全培训，在施工点配备氧气和医务人员等。为了确保项目的顺利完成，项目工人付出了常人难以想象的艰辛。

吉尔吉斯斯坦拥有丰富的水力资源，中亚其他四国的许多河流均发源于该国。但囿于基础设施落后，此前的水力利用能力仅为10%左右。吉尔吉斯斯坦水电站大部分都在南部地区，而北部地区是电力负荷的中心。此前其南部水电站发的电需绕道邻国才能输送至吉尔吉斯斯坦其他地区。此外，在冬季，吉全国电力供应严重不足，极大制约了国家安全及经济发展。

达特卡—克明500千伏输变电工程旨在将吉尔吉斯斯坦南部丰富的水电送到北部，满足吉电网尤其是首都比什凯克及北部地区的电力需求，实现吉电网的独立和互联。

2012年8月至2015年8月，特变电工组织近2000名中吉两国工人紧张施工，投入上百台大型机械设备，逢山开路，遇水搭桥，用世界一流的设计、技术和装备，高标准、高水平、高效率地提前半年完成这一贯穿吉南北全境，堪称"国家最重要的能源大动脉"、吉尔吉斯斯坦"电力生命线"的项目建设。

载入史册的一天

2015年8月28日，这一天成为"丝绸之路"经济带沿线国家吉尔吉斯斯坦能源发展史上具有里程碑意义的重要日子，由中国新疆特变电工股份有限公司承建的达特卡—克明500千伏输变电工程历时3年建设顺利竣工。

达特卡—克明500千伏输变电工程是中吉两国电力合作项目，也是上海合作组织框架内中国优惠贷款重点项目和中国进出口银行重点支持项目。

中国企业承建吉尔吉斯斯坦 500 千伏输变电工程剪彩仪式

出席项目竣工仪式的吉尔吉斯斯坦时任总统阿坦巴耶夫在致辞中高度评价该工程对促进本国经济社会发展的重大意义，感谢中国政府和特变电工为吉尔吉斯斯坦电力能源建设和中吉友好务实合作做出的巨大努力。

为保证达特卡—克明500千伏输变电项目尽快落实，吉政府专门颁布政府令，对项目相关设备进口免征关税，并为中国技术人员的签证办理提供便利。阿坦巴耶夫更是多次视察项目，充分说明了吉政府对输变电项目的重视。

吉尔吉斯斯坦时任总理在出席竣工典礼致辞中表示："与其他公司相比，中国公司总是能保质保量地提前完工，此次又提前了约半年。我向中国朋友表示感谢。"

达特卡—克明500千伏输变电项目已成为中国与吉尔吉斯斯坦共建"一带一路"在能源合作方面的标志性项目和成果。它帮助吉尔吉斯斯坦构建了电网南北主干线，使该国南部丰富的水电直接输送到缺电的北部和首都比什凯克地区，满足当地经济、社会发展和人民生活改善的紧迫需要。

这一工程在吉能源发展史上具有里程碑意义，该项目结束了吉尔吉斯斯坦电力输送需要借道邻国的历史，实现了国家电网独立输电和国内外互联，极大地提升了吉尔吉斯斯坦电网长距离、大容量、现代化输变电的水平和规模，保障了吉尔吉斯斯坦电力的独立和能源安全，保障其不受邻国的制约，甚至可以输送至国外创汇。

特变电工董事长获吉尔吉斯斯坦最高荣誉奖章

2016年1月20日，时任总统阿坦巴耶夫向为该国各领域做出杰出贡献者授予国家荣誉勋章奖章，特变电工因成功建设该国重大能源电力工程，帮助该国实现电力供应独立自主，增进中吉两国务实友好合作而受到隆重表彰，特变电工董事长张新获授吉尔吉斯斯坦国家丹克奖章。

丹克奖章旨在表彰对吉尔吉斯斯坦国家公共服务、工业、科学、艺术、教育、社会领域做出突出贡献的先进人物，是由总统亲自颁发的国家最高荣誉，这次是该奖首次授予中国企业家。

颁奖仪式上，阿坦巴耶夫发表了热情洋溢的讲话："我要特别指出的是，由特变电工承建的达特卡—克明南北500千伏输变电能源互联网工程从投运到现在，一直都安全可靠平稳运行，保障了吉尔吉斯斯坦能源的供给。在吉尔吉斯斯坦发展最困难的时候，特变电工的建设者们不畏艰险，翻越3800米雪域高原，铺桥架线、人拉肩扛，为我们建设完成了现代化的变电站和高等级输变电线路。我们将永远记住特变电工为吉尔吉斯斯坦人民做出的杰出贡献。今天我们要为吉中两国务实合作做出突出贡献的特变电工英雄授予勋章，以示感谢和永远铭记！"

张新说："这枚奖章充分体现了吉尔吉斯斯坦政府和人民对中国人民的友好情谊和对中国企业的信赖与支持，在我的心中分量重千斤。"

"达特卡—克明项目"被誉为吉尔吉斯斯坦能源独立的标志性工程，而在建设项目的同时，项目承建方特变电工还为项目沿线所在地群众铺路修桥，引进蔬菜大棚种植技术，援建学校并捐赠了大量的教学设施、学习用具和书籍，受到了当地政府和人民的广泛好评。

特变电工"点亮"夏夜里的吉尔吉斯斯坦

初夏，每当夜幕低垂，艾培丽都喜欢在院子里散步、听音乐、赏夜景。在一盏盏明亮的路灯陪伴下，她的夜生活变得丰富多彩。

艾培丽一家生活在吉尔吉斯斯坦比什凯克市。多年前，限电、停电在这里时有发生。随着由中国新疆企业特变电工股份有限公司承建的达特卡—克明500千伏输变电工程的竣工，比什凯克市民彻底告别了限电的日子，开始享受城市夜生活。

比什凯克夜景

回忆起过去生活的情景，艾培丽历历在目："经常停电，尤其是冬天，限电是常有的事。"

在吉尔吉斯斯坦，水电资源丰富却南北不均，尤其是艾培丽生活的北部地区深受缺电之苦。长期以来，当地居民用电、取暖这些基本生活难以得到保障，即便是首都比什凯克市也是如此。

电力短缺制约了吉尔吉斯斯坦经济和社会的发展，也成为困扰当地民生的"老大难"问题。

为解决电力供应问题，特变电工开始参与吉尔吉斯斯坦能源领域建设。特变电工历时3年，建成长达400多千米的达特卡—克明500千伏输变电工程。

工程实现了电网独立，吉尔吉斯斯坦南部丰富的水电源源不断地输送到缺电的北部和首都比什凯克市。

"现在到了夜晚，路灯都是亮的，看电视、上网都不受影响，家里再也没有停过电。"艾培丽说。

贯通南北的达特卡—克明500千伏输变电工程真正改变了吉尔吉斯斯坦当地百姓的生活，成为吉民众的"幸福工程"。2015年8月的项目竣工仪式上，克明镇老镇长埃明激动地说："实现国家电网独立和满足各地电力供应是全国人民的梦想，是百姓走向幸福生活的福音。今天亲眼看到了这项工程在家乡建成，高兴的心情难以形容。"

"对于缺电地区的居民来说，这是件值得庆贺的大喜事。随着电网建设的发展，当地停电现象将不断减少直至消除，人民群众将减少烦恼，增添欢乐和财富。我要感谢吉中两国所有为这项工程付出劳动和贡献的人们，为你们祝福。"

项目持续带动和促进了当地人民就业和工作。在克明变电站工作的当地人博罗特表示，在与中方人员同甘共苦的建设过程中，他不仅学到了技术，更见识到了中国人的勤奋与敬业。他说："这个项目象征着吉中人民的友谊，相信它将为我们国家的发展做出巨大贡献。"

为了帮助吉尔吉斯斯坦培养更多专业电力人才，特变电工积极培养当地的运维人员，同时邀请当地员工来新疆进行技术交流，已为吉尔吉斯斯坦培养电力技术人才近万人次。

特变电工持续深度参与共建"一带一路"

2022年2月6日，习近平主席会见来华出席北京2022年冬奥会开幕式的吉尔吉斯斯坦总统扎帕罗夫，双方发表了《中华人民共和国主席习近平同吉尔吉斯共和国总统扎帕罗夫联合声明》（后文简称"《联合声明》"），并签署文化、绿色发展、经典著作互译出版等领域多份合作文件。

《联合声明》指出，双方已经或正在实施一大批合作项目，包括达特卡—克明输变电项目、奥什—萨雷塔什—伊尔克什坦公路、比什凯克—纳伦—吐尔尕特公路、北南公路、奥什—巴特肯—伊斯法纳公路建设和修复项目，以及比什凯克热电厂现代化改造和比什凯克市政路网改造项目等。

2023年5月18日，习近平主席在西安同来华出席中国-中亚峰会并进行国事访问的吉尔吉斯斯坦总统扎帕罗夫会谈。会谈后，两国元首签署了《中华人民共和国和吉尔吉斯共和国关于建立新时代全面战略伙伴关系的联合宣言》（后文简称"《联合宣言》"）。

《联合宣言》中指出，两国元首高度评价中华人民共和国和吉尔吉斯共和国建交31年来各领域合作取得的丰硕成果。双方重申，共建"一带一路"为推动两国务实合作提供了强劲动力，对促进中吉关系发展、巩固地区合作意义重大。

多年来，特变电工积极参与共建"一带一路"，持续深入推进能源领域多个重点项目合作，为吉尔吉斯斯坦实现电力供应独立自主，增进中吉两国务实友好合作做出了突出贡献。

特变电工从2009年开始参与吉尔吉斯斯坦能源领域建设，承建了南部电网改造项目、达特卡—克明500千伏输变电项目等一系列关乎吉尔吉斯斯坦国计民生的重大能源工程项目，为吉尔吉斯斯坦经济社会发展及人民生活改善做出了重要贡献。

南部电网改造项目是中吉建交以来最大的经贸合作项目，对巩固和提升中吉双边经贸关系意义重大。它的开工建设，使吉尔吉斯斯坦南部形成独立的电网，极大改善当地电网的输配电能力，提高南部水电站的送出能力，提高供电可靠性与安全性，改善吉尔吉斯斯坦南部各大城市的用电状况及当地人民生活的条件，有利于吉尔吉斯斯坦南部的经济发

展和社会稳定，同时也为吉尔吉斯斯坦水电兴国战略的实施搭建了空中
高速公路和传输渠道。

　　特变电工还深入推进与塔吉克斯坦、乌兹别克斯坦、蒙古国、安哥
拉、孟加拉国、乌干达等30余个国家的项目合作，实施了一系列重大项
目和民生工程，为项目沿线所在地群众铺路修桥，援建学校并捐赠了大
量教学设施、学习用具和书籍，为当地经济社会发展注入了强大动能，
为民众生产生活带来了诸多民生福祉。

特变电工新疆总部

　　特变电工积极响应《联合声明》，深度参与共建"一带一路"，持续
深化与沿线国家项目合作，奉献绿色科技、智能环保、可靠高效的高技
术、高附加值的产品和服务，造福"一带一路"沿线各国民众。

企业"走出去"先行者，"一带一路"倡议践行者

　　可以说，在推进"一带一路"建设方面，特变电工是中国企业"走
出去"的先行者之一，是"一带一路"倡议坚定不移的支持者和践行

者。特变电工努力将自身优势转化为中国企业与"一带一路"各国的务实合作，打造利益共同体、命运共同体。

拥有世界顶尖装备制造业技术的特变电工，就"诞生"于中国大西北的新疆昌吉市。新疆作为丝绸之路经济带核心区之一，在"一带一路"建设中潜力巨大。成立初期，特变电工还是昌吉市一个资不抵债、濒临倒闭的街道小厂。如今，这家活跃在丝绸之路经济带上的新疆本土最大高新技术企业和重大装备业制造企业抢抓机遇，发挥优势，主动作为，借势发力，积极参与"一带一路"建设。不仅用科技创新"装备"了中国，还将目光扩大到"一带一路"沿线国家和区域，国际产能合作业已成为该公司发展转型的重要"动能"。

面对全球经济持续低迷、产能严重过剩、行业企业关停并转的困境，特变电工2万多名各国员工主动应对复杂形势和风险挑战，坚守实业，专注制造，加快自主创新能力建设，加速全球人才汇集，率先构建丝绸之路经济带输电走廊，为"一带一路"电力能源互联互通建设提供可靠的产品支撑，以"装备"中国和世界能源互联网的强大能力，服务全球能源事业的发展。

每年，特变电工都将销售收入的3％—5％用于自主创新投入，依托代表中国最高水平的国家级企业技术中心、工程实验室、博士后科研工作站进行自主创新，参与制定了100多项国内外行业标准，实现了由单机制造向系统集成创新，由中国制造向中国创造，由"装备中国"向"装备世界"的升级，推动了中国标准向世界的输出，打造了中国民族工业品牌，成为中国最大的能源装备制造企业之一、世界输变电制造行业的骨干企业。作为中国最大的能源装备制造企业，特变电工还成为推动"中国－中亚科技合作中心"建设和加强中国与中亚地区科技合作的重要活动平台。

创建国家级工程实验室，打造民族工业品牌

作为中国最大的能源装备制造企业，特变电工是承担中国国家电网、电源、石油、化工、铁路、交通、工矿企业等重大项目和重点工程最多的企业之一。在代表世界绿色节能输变电技术发展方向的1000千伏特高压交流，正负800千伏特高压直流，百万千瓦大型核电、大型水电、大型火电及可再生能源领域，特变电工参与了中国首台（套）、世界首台（套）产品的研制。这些产品也代表着世界绿色、节能、环保、智能化技术的发展方向。

特变电工还拥有自主知识产权的核心专利技术及专有技术1200余项，实现了130多项自主技术重大突破，其中40余项世界首创、90多项中国首台（套）。参与了中国乃至世界行业标准制定百余项，包括IEC（国际电工委员会）标准两项。公司先后荣获中国科学技术领域最高奖项——国家科学技术进步特等奖一项，国家科学技术进步一等奖四项，国家科学技术进步二等奖一项。特变电工通过参与中国电力建设，积累了大量丰富的建设经验。

作为中国电力能源事业发展最重要的装备商之一，特变电工承担了一大批代表世界绿色节能输电领域创新领跑工程的产品研制：新疆与西北主网联网第一、第二、第三、第四通道750千伏联网工程，皖电东送1000千伏特高压交流工程，哈密南—郑州特高压直流输电工程，以及为红沿河百万千瓦核电、平圩百万千瓦火电机组提供主变等，为"疆电外送""西电东送"等国家战略的实施，以及实现东西部地区均衡可持续发展提供了可靠的保障。

目前，特变电工已创建三个国家级工程实验室，并加快了跨国经营国际化进程，实现了由单机制造向系统集成创新，由中国制造向中国创造迈进，推动了中国标准与世界各国的分享，打造了中国民族工业品牌。

特变电工新疆特高压制造生产基地全貌

中国－中亚峰会开启中吉合作新篇

　　作为活跃在丝绸之路经济带上的新疆本土最大高新技术企业，特变电工在未来的发展规划中，已经将目光扩展到丝绸之路经济带沿线的各个国家。依托在绿色节能输变电领域全球领先的技术，特变电工积极利用"两个市场、两种资源"，实现了从"装备中国"到"装备世界"的跨越。这些成套项目的建设，已经带动了近50亿美元的中国先进机电产品出口，上万人的智力、劳务输出，提升了中国企业的国际竞争力和品牌影响力。

　　2023年5月23日至27日，为尽快落实中国－中亚峰会成果，吉尔吉斯斯坦政府官员及企业家一行到访新疆，特别来到特变电工股份有限公司参观交流。代表团成员说，特变电工是吉尔吉斯斯坦的老朋友，中国－

中亚峰会期间，双方就新能源、电网、电源建设等达成了一系列合作意向，双方合作基础进一步加深。

吉尔吉斯斯坦和中国合作前景广阔，中国在吉尔吉斯斯坦投资占比达26%，是吉最重要的经贸伙伴之一，新疆高科技企业发展势头强劲，经济持续向好，以特变电工为代表的新疆高科技企业连接两国，不断促进新的联系与合作，以中国—中亚峰会为契机，中吉两国人民看到了未来合作共赢的新前景。

未来，特变电工将继续以成熟先进的电力标准和技术与"一带一路"各国共享，深入推动跨国电力联网、电力投资合作、电力技术合作、电力人才互培，以绿色科技、智能环保、可靠高效的高技术、高附加值产品和服务装备中国、装备世界，切实打造"一带一路"命运共同体。

9 ▌雪山像是被撒了糖霜
吉尔吉斯斯坦蜂蜜飘香中国市场

　　吉尔吉斯斯坦蜂蜜被视为"世界顶级蜂蜜"。近年来，一款名为"吉蜜德"的吉尔吉斯斯坦蜂蜜产品走上中国消费者的餐桌。

　　记者注意到，除了原材料，此蜂蜜均由一家中国公司在经营，包括生产、包装和销售等环节。在第五届中国-亚欧博览会吉尔吉斯斯坦国家展馆内，"吉蜜德"团队以清一色中国面孔高调亮相。

　　"每年只收割一次，我们要做良心企业，保护好当地的资源。"吉达尔集团董事长吕熳说。

吉达尔集团董事长、吉蜜德品牌创始人吕熳（前排左）向尼日利亚农业部
参会人员详细讲解"吉蜜德"蜜源地后合影

吉尔吉斯斯坦的高山花海成为优质蜂蜜的保障

走进蜜源地——人间净土

吉尔吉斯斯坦北部伊塞克湖州、南部贾拉拉巴德州等地风光秀丽，地形以山地为主，盛产高山蜜，纯净无污染的自然优势是优质蜜源地的不二选择。"吉蜜德"作为吉达尔集团打造的高端品牌也应运而生。

据了解，吉尔吉斯斯坦的蜜源地基本分布在纳伦州、伊塞克湖州、奥什州、塔拉斯州等地区。其中又以纳伦州的阿特巴什白蜜、伊塞克湖州的高山百花蜜和奥什州的乌兹根蜂蜜最有代表性。三处蜜源地有着共同的特性：自然生态完好，蜜蜂能在丰富茂美的花丛中采蜜。

凭借优质的蜜源地，蜂蜜产业成了吉尔吉斯斯坦的传统产业。细数吉尔吉斯斯坦的传统蜂场，几乎都位于海拔较高的山区，在此居住繁衍的人们以放牧和养蜂为生，并精心保护着他们赖以生存的山水。

优质的蜜源地不仅满足了本国的市场需求，也吸引了更多的投资将它带上国际舞台，"吉蜜德"品牌便是其中突出代表。吉达尔集团在吉尔吉斯斯坦投资建厂，并直接从蜜源地收购原蜜进行生产。其厂房和设备达到国际一流水平，保证了出产的原蜜可以第一时间送到工厂加工灌装，也使得更多人能在餐桌上吃到来自吉尔吉斯斯坦优质蜜源地的精品蜂蜜。

曾经是苏联的养蜂基地

"吉蜜德"蜂蜜产自于吉尔吉斯斯坦贾拉拉巴德州海拔3000米以上的无人区，该区方圆100千米内无人居住、500千米内无工厂。

"两边的雪山像是被撒了糖霜，那里有茂密的原始森林和原生态的野生植物。"吕熳介绍，当地生长着3700多种植物，其中仅草本植物就有3175种，曾经是苏联的养蜂基地，目前已经是全球为数不多的净土之一。

"吉蜜德"有12款蜂蜜产品，其中阿特巴什白蜜连续三年获得国际蜂联展会的金奖。阿特巴什白蜜以每年有限的产量成为"吉蜜德"最高端的蜂蜜产品。

"我们有全世界最严格的养蜂制度，不仅延续着最古老的养蜂方式，也保护着吉尔吉斯斯坦独有的蜂种，它们生活在海拔3000米以上的区域，酿蜜时间超过半年。"吕熳说，"我不打算盲目扩大产业，这样会影响蜂蜜品质。吉尔吉斯斯坦工业发展缓慢，污染相对较少，相对原始的加工蜂蜜的工艺，是产业发展优势，也是我们保护的重点。"

跟随"吉蜜德"走进吉尔吉斯斯坦普通蜂农的"甜蜜人生"

吉尔吉斯斯坦的蜂蜜能在世界蜂蜜大赛上获奖，不仅因其天然纯净的蜜源环境，更因吉尔吉斯斯坦一代代蜂农坚守着百年的养蜂酿蜜传统。不少蜂农喝着蜂蜜长大，依靠蜂蜜养家立业，他们对蜜蜂和蜂蜜有着难以割舍的情怀。

"吉蜜德"在吉尔吉斯斯坦最优质的蜜源地投资建厂，
保证了出产的原蜜"原汁原味"

　　吉尔吉斯斯坦蜂蜜代表品牌——"吉蜜德"将带领读者走进吉尔吉斯斯坦普通蜂农艾斯哈特一家，感受他们的"甜蜜人生"。

　　艾斯哈特一家住在卡拉库尔市，该市是伊塞克湖州的首府，位于吉尔吉斯斯坦东部，距离比什凯克380千米，这里是吉尔吉斯斯坦的主要旅游城市之一。

　　老蜂农艾斯哈特将小店外墙刷成了鲜艳的黄色，窗格则是精心设计的犹如蜂巢结构的六边形，一看便知是养蜂人特有的标签。

　　艾斯哈特的小店面积不大，里面陈列了各类蜂产品和养蜂专用工具，还有一面墙专门挂着伊塞克湖州蜂农和蜂产品获得的各类奖项。对荣誉的珍视和对养蜂传统的传承，才是吉尔吉斯斯坦蜂蜜品质的根本。艾斯哈特一家三代都以养蜂为生：他负责养蜂和蜂协会工作；儿子负责对外联络和生产加工；孙女会电脑、懂英语，负责照顾小店；艾斯哈特还有个女儿嫁给了当地蜂蜡作坊的手艺人，经营蜂蜡制品。

　　据艾斯哈特女婿介绍，制作蜂蜡的模具是从法国进口的，制作好的商品也全部卖给了欧洲商人。

蜂蜡在吉尔吉斯斯坦有悠久的历史，蜂蜡点燃或熄灭的时候，不会像石蜡产生黑烟，而且它会散发香味，这种熏香也被民间用来防治感冒。

第 45 届国际蜂联国际养蜂大会

2016年9月，在伊斯坦布尔举行的第45届国际蜂联国际养蜂大会上，以"吉蜜德"品牌为代表的吉尔吉斯斯坦原蜜在众多参赛国推荐产品中脱颖而出，斩获大赛"最好百花蜂蜜"金奖。

国际养蜂大会（AIAC）由国际蜂联（APIMONDIA）主办，是全世界范围内蜂产业专业性最强、级别最高的盛会。国际养蜂大会每次都会举办蜂蜜大赛，评比出每个品类中最优秀的蜂蜜，这是蜂蜜产品所能获得的最高荣誉。

此次养蜂大会共有45个参赛国，各奖项评委20余人，来自全球10余个国家。"吉蜜德"品牌代表吉尔吉斯斯坦蜂蜜参加大会，旗下"吉蜜德""HiHoney"等蜂蜜产品成功亮相。

"吉蜜德"品牌旗下的"阿特巴什白蜜国礼装"作为吉尔吉斯斯坦总统府认定的国礼，更是因其高要求的质量把控、一流的设计包装，在国际养蜂大会上引起极高关注。吉尔吉斯斯坦蜂蜜在此次大赛中获得"最好百花蜂蜜"金奖可谓实至名归。

"吉蜜德"蜂蜜国礼装

2018年6月13日，吉尔吉斯共和国农业、食品工业和土壤改良部部长穆拉谢夫·努尔别克会见了吉达尔集团董事长吕熳一行，并与吉达尔集团签订了《支持吉尔吉斯共和国养蜂业发展的合作备忘录》。

据悉，"吉蜜德"阿特巴什白蜜2015年被吉尔吉斯斯坦政府认定为赠送国际政要和国宾的国礼。这种用中国景德镇定制骨瓷瓷具套装吉尔吉斯斯坦顶级白蜜的产品，不仅是中吉经贸合作和文化交融的象征，更代表了一种身份和成就。此次吉达尔与吉尔吉斯斯坦农业部门签署备忘录，让"吉蜜德"蜂蜜再次获得吉尔吉斯斯坦政府选定为为期5年的国礼资格。

获此殊荣后，吉达尔集团董事长吕煃表示，将进一步通过吉达尔集团在中国境内的"吉蜜德"蜜坊宣传吉尔吉斯斯坦文化和蜂蜜，搭建一个中吉经济、文化交流的平台，让更多的中国人知道吉尔吉斯斯坦蜂蜜，让世界了解吉尔吉斯斯坦蜂蜜。

吉尔吉斯斯坦蜂蜜世界闻名，被誉为"蜂蜜流淌的国度"，境内所产阿特巴什白蜜更是连续获得两届国际蜂产品代表大会最好白蜜金奖。"吉蜜德"蜂蜜能在众多优质蜂蜜产品中脱颖而出，只因该蜂蜜从蜜源选择、检测，蜂蜜采集运输到最后的包装遵循严苛的行业标准。

"吉蜜德"蜜坊打开中国市场

随着中国"一带一路"倡议的提出，吉尔吉斯斯坦成为丝绸之路经济带建设的重要节点。"吉蜜德"选择吉尔吉斯斯坦阿特巴什白蜜作为打开中国市场的首款优质商品，并在中国一线城市投建了"吉蜜德"蜜坊，通过蜜坊宣传吉尔吉斯斯坦蜂蜜。

2015年"吉蜜德"蜂蜜首次进入中国市场，高端、纯天然的市场定位令它迅速获得众多中国消费者的青睐，销量连年直线上升。吕煃说，"吉蜜德"蜂蜜目前主要销往北京、上海、广州、宁波和西安等大中城市。

"吉蜜德"蜜坊落户新疆昌吉市

近几年，"吉蜜德"走出吉尔吉斯斯坦，蜂蜜产品远销欧洲、北美和阿联酋市场。2015年，中国最大的蜜蜂故事体验馆——"吉蜜德"蜜坊落户新疆昌吉市。吕熳介绍，想打造吉尔吉斯斯坦蜂蜜的推广平台，让更多的中国人了解邻国吉尔吉斯斯坦。

两国的认可

中国第十二届全国人民代表大会农业与农村委员会副主任委员郭庚茂一行曾在吉尔吉斯斯坦国家动植物检疫局局长卡雷斯别克·朱玛坎纳夫的陪同下前往吉达尔集团参观。

在吉达尔集团，工作人员就"吉蜜德"阿特巴什白蜜连续三年获得国际蜂联展会金奖、"吉蜜德"品牌被吉尔吉斯斯坦授权为总统府国礼等品牌故事进行了详细介绍。郭庚茂一行与卡雷斯别克·朱玛坎纳夫就中吉蜂蜜检验检疫标准、中吉蜂产业前景、中吉两国蜂蜜产业存在的机遇与问题等进行讨论。

卡雷斯别克·朱玛坎纳夫表示，吉尔吉斯斯坦的农产品纯天然、无公害，该国的蜂蜜不会添加任何激素制品、化学添加剂、抗生素等成分。今后吉尔吉斯斯坦还计划逐年增加蜂蜜出口量。

他说，"吉蜜德"的蜂蜜是吉尔吉斯斯坦优质蜂蜜的代表之一，它以高品质、纯天然在国际市场赢得了消费者青睐，具有很强的竞争力，品质居世界前列。

10 | 丝路通，一路通
中国新疆女企业家的丝路电商路

中国与中亚地区之间的电商发展潜力巨大。首先，地理接近和贸易便利性，促进了双方之间的贸易和投资活动。其次，中亚地区人口众多，且中产阶级人口不断增长，消费者对于质量好、价格合适的产品和服务的需求不断增加，这为电商提供了一个庞大的潜在市场。当前，中亚地区的数字化进程正在加速发展，越来越多的人开始使用智能手机和互联网。这为电商提供了一个广阔的在线消费平台，人们可以方便地购买商品和服务。

近年来，中国新疆企业凭借地理上的优势，积极布局中亚电商市场，取得了一系列成绩。

吉尔吉斯斯坦迎来互联网经济时代，
电子商务带动地区繁荣

近年来，随着相关基础设施与电子商务理念在中亚地区的普及，中亚地区电子商务逐步兴起，得益于哈萨克斯坦加入WTO、吉尔吉斯斯坦对欧盟消费进一步扩大等因素，中亚地区的跨境电商已有了重大突破，各项电子商务指数都有了明显提高。

中亚市场潜力巨大

2018年11月1日，由吉尔吉斯斯坦经济部等举办的"电子商务带动经济增长"国际大会在比什凯克市召开。来自吉尔吉斯斯坦、哈萨克斯坦、俄罗斯、白俄罗斯、意大利等国的代表就中亚地区企业参与跨境电商全球化进程展开了讨论。

吉尔吉斯斯坦经济部副部长埃尔达尔·阿巴基洛夫指出，中亚五国轻工业发展相对滞后，主要商品依赖进口，但有着人口众多、资源丰富、市场亟待开发等市场优势。

他认为，建立在线跨境电商平台有助于加快中亚国家的贸易往来，并可以助推中亚经济纳入到全球经济一体化的进程当中。

目前，中亚地区有许多人口超过50万的城市，以哈萨克斯坦为例，其主要城市如阿拉木图、阿斯塔纳2015年的宽带普及率已达到100%，光纤入户已达到17.2万户，为电子商务的发展提供了良好的基础。

阿巴基洛夫说，各国应充分利用大城市发展互联网电子商务，以确保经济的稳定增长。此外，如果能在中亚地区建立本土化电子商务平台，将体积小、高利润的商品作为主要销售方向，该地区居民消费市场产品不足、价格昂贵等问题将会迎刃而解。

新疆跨境电商机遇和瓶颈

近年来，中国跨境电子商务发展迅猛。新疆作为古丝绸之路的枢纽，也是丝绸之路经济带的核心区之一，天然的地理优势和传统的贸易模式，造就了该地区跨境电商平台的与众不同。"一路通"（OWTOT）等一批经验丰富、具备高水准团队的电子商务平台纷纷走向中亚地区，拓展海外业务。

目前，新疆已与中亚、俄罗斯等建立了良好的贸易关系，发展中亚跨境电子商务不仅是新疆经济发展新的增长点和动力，同时也为中亚五国和周边国家经济增长注入了新鲜血液。

中亚跨境电子商务的发展不仅是新疆地区经济发展的重要推动力，同样也为合作国家带来了新的发展契机，但语言的障碍和文化的隔阂导致许多小型跨境电子商务平台无法扩大，限制了企业的发展和赢利，且多语言电子商务人才十分紧缺，在人才培养方面没有综合考虑技术、语言、文化三者的融合，在线支付监管不到位及相关法律和法律人才的缺乏成为制约电子商务发展的瓶颈。

国际贸易发展的一种必然趋势

跨境电子商务的进一步发展还需要通过国家、政府、企业的共同合作，建立完善的平台，鼓励物流企业与电子商务平台的合作。为复合型跨境电子商务人才提供工作岗位，同时以人才为推动力，促进行业的发展。

吉尔吉斯斯坦经济部国务秘书阿依丁·沙尔舍耶夫说，在经济全球化的大背景下，电子商务在国家经济发展中扮演着极其重要的角色，小额交易、低成本、低风险的特点赢得了各国买家的青睐。

据悉，吉尔吉斯斯坦的电子商务正处于起步阶段，如果能打造本土化的电子商务交易平台，将包括绿色有机食品在内的许多优质产品出口到国外市场，将大大提高吉尔吉斯斯坦农产品的竞争力。

或许正是看到了中亚巨大的电商发展潜力，中国贸易商也开始布局进入中亚市场。

吉尔吉斯斯坦跨境电商发展迅速，
一路通在线贸易平台用网络联通世界

2018年10月24日，上合组织与亚信成员国跨境电商技术应用培训班在新疆乌鲁木齐举办。来自中亚国家的27名学员参观考察中吉合资跨境电商企业，走进边疆商贸城的供货商铺，在沟通与交流中，感受新疆国际贸易的转型升级。

当时的乌鲁木齐已非常寒冷，但新疆边疆商贸城大院里的外贸商户李娜仍坚持守在风口等待一批特殊的客人，他们就是来自2018年上合组织与亚信成员国跨境电商技术应用培训班的学员们。

据了解，此次培训班的学员来自李娜外贸的"主场地"——乌兹别克斯坦和白俄罗斯。

李娜在边疆商贸城从事卫浴出口贸易，在本次培训班举办之际，李娜的店铺被选为参观考察的商铺之一。

近几年来，由于互联网的发展，新疆传统外贸市场遇冷，边疆商贸城的商户纷纷缩减规模。但李娜却在短短的两年时间里，店铺从一家扩展到了三家。

李娜说："做生意坚持的是产品和服务的质量，同时需要不断做好自我升级，跟上时代的脚步。"

李娜眼中的"时代脚步"，是指网络跨境贸易。两年前，她加盟了"一路通"在线贸易平台，李娜就将交易的重点从线下市场逐渐转移到线上。

"客户资源多了，另外，也节省了客户的成本。"李娜说，随着电子商务的兴起，中亚国家客户来中国的次数也从一年十次减少到一年三次，省去中间的时间成本，李娜将重心放在差异化的服务与新产品的研发中。

李娜说，开网店的概念并不仅限于电脑前，"一路通"还组织平台上的商铺负责人去周边国家开展当地市场的考察工作。

李娜说："今年去了哈萨克斯坦、塔吉克斯坦和吉尔吉斯斯坦，我刚从吉尔吉斯斯坦回来，一路走下来让我更加坚定整合线上线下资源的想法。"

用网络连通世界，共享电商福利

一路通在线贸易平台是由新疆丝路通信息科技有限公司自主研发的面向中亚和俄罗斯等俄语系国家的跨境电商B2B交易平台。提供中、英、俄三种语言展示，整合全国各类优质资源，率先为境内外贸易商开拓并提供出口销售、国际贸易代理、境外通关服务、国际物流仓储、国际物流运输、跨境支付结算、海外营销推广、报关报检等综合服务。

2017年3月8日，"一路通"工厂入驻签约仪式

从2017年7月7日正式运营以来,"一路通"已入驻300余家轻工企业,平台中的产品类别涉及19个行业。

新疆丝路通信息科技有限公司总经理孟秀丽说,"一路通"整合边疆商贸城的优势资源,让传统单一的商业模式实现转型升级。目前,已有19家来自边疆商贸城的商铺在"一路通"平台上开展线上交易。

新疆丝路通信息科技有限公司
总经理孟秀丽

作为从边疆商贸城走出来的企业家,孟秀丽深知边疆商贸城的外贸优势与特点。结合当前的互联网市场,如何带动他们走向发展的新高地,也是孟秀丽这两年不断探索的问题。

两年来,"一路通"积累中国200余家工厂,持续为客户保质保量地提供货源。同时,对贸易商进行监督管理,做好配货、物流、产品研发等服务,从而让实体店能够与网络科技融合,实现从实体到互联网新型经营模式的转型。

在此次培训中,孟秀丽给27名学员讲解了新疆与周边国家贸易发展的文化渊源,以及新疆跨境电商给周边贸易国伙伴带来哪些新的历史机遇等内容。

中国与中亚"一带一路"沿线国家地理相邻、文化相通,经贸合作优势得天独厚,经济技术合作也从能源扩展到农业、旅游业、轻工业等领域。近年来,新疆逐步完善了向西的基础设施,金融、物流等现代化服务业得到了长足的发展。

孟秀丽说："中国前20年贸易发展的商业模式、交流方式向信息化方向转型，'一带一路'倡议影响着周边国家经济发展，作为新疆外贸企业，应当思考如何引导周边国家的商业模式逐步转型。"

孟秀丽说："新疆迎来前所未有的发展机遇，能够与这些国家的合作伙伴共同激活丝绸之路，其实是我们大家共同的期待。"

共享资源才会共赢市场

新疆丝路通信息科技有限公司与米兰国际物流集团公司强力合作打造跨境电商企业，完成整个产业链资源整合，共同在吉尔吉斯斯坦成立MK Global Trade公司。

该公司总经理卡米勒·玛米耶夫说，作为吉中两国跨境在线电商平台"一路通"官方代表，2018年5月21日，新疆丝路通信息科技有限公司在比什凯克市Damas酒店举行了在线贸易平台推介会，数十家吉中外贸企业现场体验了网络贸易的便捷。

玛米耶夫说，"一路通"是服务于吉中两国企业的在线交易平台，也是吉尔吉斯斯坦首批电商平台。来自中国的新疆丝路通信息科技有限公司经过多方考察、调研，最终选择与吉尔吉斯斯坦多尔多伊市场合作，因为该市场有与中国企业进行国际贸易的丰富经验。

他说，随着世界贸易形势的发展，电商平台将会最大限度地减少在国际贸易中的考察、签证、交通等费用，大大方便吉中两国的国际贸易商，他们可以安心地在电子平台上下单、付款，并可以坐在家中联通世界。

玛米耶夫说，从2018年6月开始，已经有3000户多尔多伊市场的贸易商在"一路通"平台上注册成功，很多人已经成功与电商平台上的其他商家达成了第一笔交易，并完成了买卖商品的过程，通过这种共享资源实现了吉中两国贸易商的互利共赢。

比什凯克多尔多伊市场工会主席米拉·多洛塔丽耶娃说,"一路通"在线电商贸易平台能够向客户提供几百家国际物流公司的精准信息,并能最大限度降低企业运输和时间成本。同时,电商平台上的中、英、俄三语种服务,完全符合中国、中亚、俄罗斯企业家的需求。

吉尔吉斯斯坦经济部地区事务管理局局长扎伊尼丁·朱马利耶夫说,吉中两国的企业家们已经开始在"一路通"平台上进行交易,这是一个很好的现象,这个电商平台让每个企业家随时随地都可以取得联系、洽谈生意,这是一种时代的进步。在"一带一路"倡议下,两国的贸易合作伙伴在这个电商平台上的关系将越来越紧密,吉中两国都将迎来更广阔的发展前景。

孟秀丽作为中国–中亚电商平台搭建的先行者,其创业故事也吸引了很多人的关注。

各国代表就电子商务在经济全球化中扮演的重要角色以及
对中亚经济产生的影响展开了讨论

新疆首位跨境批发女电商：
贯通一路通四海，文化搭桥连中吉

孟秀丽是新疆丝路通信息科技有限公司的总经理，也是面向中亚和俄罗斯的首家新疆跨境批发电子平台"一路通"发起人。但在2014年时，她还是一个连淘宝都不会用的网购盲。短短几年时间，她到底经历了怎样的嬗变？是什么动力让她实现了无数技术工程师的跨境电商梦想？孟秀丽向记者分享了她的成功秘诀。

新疆女商人的国际电商情怀

2014年，孟秀丽还是新疆二类口岸边疆宾馆的一个传统商贸企业家，主要经营中亚各国的货物贸易。有一次，她去参加广交会，因为房间订晚了，怎么都订不上房间的她从朋友那里得到了一张卡，拨打那张卡上的电话后，她订到了想要的酒店、飞机票和动车票，这是孟秀丽第一次深切体会到"互联网+"的强大。

从那时起，她心中就萌生了"做一个像这张卡片一样的平台"的想法。"那样的话，中亚各国的商家就可以很轻松地买到他们所需的货物，很多在新疆做生意的外地人也不用饱受与家人分离之苦，可以在自己家乡卖东西。"孟秀丽说。

从广交会回到新疆后，客户们对各种各样商品的需求电话，让孟秀丽应顾不暇，也让她更加坚定了实现这个梦想的决心。

孟秀丽在乌鲁木齐一小区里偶然发现的电商超市，让她再次体验到了现代科技带来的便利。"超市里有个大屏幕，你一点一选，要买的东西就自动出来，实在是太方便了！"碰巧的是，当天开发电商超市平台的技术工程师也在那里工作，经过询问之后，该工程师爽快地答应了孟秀丽关于做电商平台的要求。

从网购盲到跨境电商技术通

花费10余万元，耗时3个月。根据孟秀丽的需求，工程师为她做了一个卖玻璃杯的电商平台。因为不懂技术，孟秀丽决定再开发一个至少涉及10个行业的大平台。

孟秀丽提出需求后，工程师告诉她："这次我得把你教会，待平台上线后，你来负责这个项目。"

说学就学，从那以后的3个月内，工程师每天下班后给孟秀丽讲课，她几乎每天晚上都学到凌晨4点。孟秀丽记了整整3个5厘米厚的笔记本，终于明白了什么是技术路线、代码、PHP、数据库等她想都没想过的技术工程领域专业知识。

孟秀丽说，3个月时间里，真的是"脱了一层皮"。"但我很感谢他。根据他的讲解，我对整个平台所选用的开发工具、核心系统做了对比，根据评估选择了风险最小、最适合批发平台的软件。虽然压力很大，但我非常清楚，要想盖一座大厦，地基打不稳，楼盖得越高，塌得越快。"她补充说。

2016年5月，孟秀丽成立了新疆丝路通信息科技有限公司，经过多次迭代、创新，历经一年时间的开发完善，"一路通"在线贸易平台于2017年7月正式上线运营。截至2018年6月，入驻商户200余家，平台覆盖服装、鞋子、玻璃、陶瓷制品等17个行业的商品。

孟秀丽说："虽然我没有具体操作，但我对整个平台的构架非常清楚。'一路通'平台技术开发团队在新疆，共计10名工程师完成需求开发，合作运维团队在杭州。我在杭州给他们讲整个平台的构架时，他们都非常惊讶，说他们都是一个人干一部分工作，没有一个人能像我一样，把整个平台研究得那么清楚。"

所有商业模式都是为需求而存在

孟秀丽说，她是土生土长的新疆人。大学毕业后，第一天做生意就跟中亚五国的朋友们打交道。除了贸易往来，他们还经常在一起吃饭、逛街、游玩，对新疆的贸易有深厚的情结。

随着当今中国互联网行业的迅速发展，传统经济受到巨大冲击。近年来，传统形式的外贸出口持续低迷，新疆贸易行业面临着转型升级的迫切需求。

在边疆宾馆生活和从商近20年，加上3个月的"互联网+"培训，孟秀丽意识到，传统商业模式向新兴商业模式的转型不能完全照搬中国其他地区的电商模式。2015年国务院出台的跨境电商有关政策，更加坚定了孟秀丽做一个适合新疆、针对中亚及俄罗斯的专业批发交易型网站。

2017年7月，一个顺应时代发展、响应"一带一路"倡议的"互联网+"外贸B2B电商交易平台上线，这也是新疆乃至中国首家聚焦中亚、俄罗斯与中国，整合批发、销售、物流、支付功能于一体的在线贸易平台。

孟秀丽介绍，新疆丝路通信息科技有限公司在吉尔吉斯斯坦的最大合作伙伴是米兰国际物流集团，该公司是吉尔吉斯斯坦唯一一家欧亚经济联盟认证企业，拥有吉尔吉斯斯坦最大的海关仓储库房，可以根据中亚市场的人口、受众、行业等需求实现海外仓的精准投放。

同时，网站设置了中、英、俄三种语言，方便不同语言者交易。针对中亚国家网络基础设施欠发达的弱点，运营中心的人工服务可帮助批发商下订单。公司还与30多家境外物流公司、航空公司合作，负责大货之前的样品输送，减少商家顾虑，规避风险。

扎根吉尔吉斯斯坦，须注重文化交流

孟秀丽说，选择吉尔吉斯斯坦作为海外仓储和物流、行政中心，其主要原因是位于吉尔吉斯斯坦的米兰国际物流集团早在10年前就和她建立了友好合作关系，长期的合作也为两家公司的相互信任打下基础。该公司在比什凯克有超过3000平方米的海外仓储，独立物流车队和完备的安保也为批发商们的短期货物存放提供了保障。

此外，在2018年年初，中吉乌公路的通车为大批量货物从新疆喀什至吉尔吉斯斯坦奥什提供了速度快、成本低等便利条件。吉尔吉斯斯坦作为欧亚经济联盟的成员国，大量货物由此运往中亚其他国家及俄罗斯也可实现免关税。

孟秀丽强调，跨国公司有效运营的前提是对文化的尊重。边疆宾馆是一个融合了约十个民族、涉及五六种语言的地方。曾在那里长期工作，让她了解了中亚各国人的性格特点、饮食文化与生活习惯。

孟秀丽这次来吉尔吉斯斯坦的一个重要任务，就是给她的团队进行培训。培训的材料既不是中国的，也不是吉尔吉斯斯坦的，而是结合了中吉两国文化的表单和规章制度。她认为，如果把中国的全套管理制度生搬硬套地加于吉尔吉斯斯坦员工身上，那么员工的执行力就会很差，公司业务就无法开展，项目也会失败。

"其实我做的是文化，赚钱只是顺道的事。根据计划，将来还将启动进口服务，将吉尔吉斯斯坦最好的蜂蜜等产品输送到中国的每一个地方。"孟秀丽说。

"一路通"吉尔吉斯斯坦国际展厅开业，
开创"互联网＋贸易"新电商模式

2019年11月26日，吉尔吉斯斯坦首都比什凯克市已是银装素裹、寒气逼人，但在多尔多伊市场的"一路通"吉尔吉斯斯坦国际展厅内却热闹非凡。来自中国、吉尔吉斯斯坦、哈萨克斯坦和俄罗斯等多国的企业和物流公司代表相聚一堂，共同见证新疆首家面向中亚和俄罗斯跨境电子批发平台全面建成。

中华人民共和国驻吉尔吉斯共和国大使馆经商处一秘李晓陆详细了解了"一路通"的运营模式。

她说，"一路通"是推动中亚地区企业数字化转型的有效尝试，是顺应时代发展和满足客户需求的"互联网＋贸易"新模式，在线电商平台克服了传统贸易程序复杂、耗时耗力的诸多缺点，将大大拉近中国与中亚各国商人间的距离，让商人们享受足不出户就能在线了解产品的便利服务。

中华人民共和国驻吉尔吉斯共和国大使馆经商处一秘李晓陆（中）向新疆丝路通信息科技有限公司总经理孟秀丽（左一）了解"一路通"的运营模式

　　据新疆丝路通信息科技有限公司总经理孟秀丽介绍，公司已完成跨境电商的市场运营、技术搭建、银行结算、海外仓建设和物流运输等流程，"一路通"吉尔吉斯斯坦国际展厅的开业标志着"一路通"产业链的全面启动，完成了该平台最后"500米"的冲刺。

　　据了解，"一路通"发挥吉尔吉斯斯坦是中亚"桥头堡"的优势，将大型海外仓落地吉尔吉斯斯坦，其规模达1万平方米，能够承载2亿元人民币的货物，周转率超65%，使用率为50%。借助吉尔吉斯斯坦是欧亚经济联盟成员国的优势，从中国运输而来的商品可在此短暂储存，并周转至哈萨克斯坦、乌兹别克斯坦和俄罗斯等国家。

　　目前，"一路通"在俄罗斯、哈萨克斯坦的国际展厅已经开业。

　　根据中亚各国和俄罗斯的市场需求，"一路通"的货物类型主要为中国生产的轻工业产品，占据总商品的70%。供货货源来自中国华南、华北和华东，在吉尔吉斯斯坦通过中信银行实现跨境结算，在哈萨克斯坦和俄罗斯通过工商银行的子行进行结算。

　　孟秀丽表示，根据公司发展目标，未来将致力于中国优质生产加工企业落地中亚各国，以及中国至中亚和俄罗斯进出口的双向平衡，实现中国与中亚各国和俄罗斯贸易往来的简单化、透明化、利益最大化的数字转型。

11 | 花园式矿区
紫金矿业奥同克有限责任公司

　　紫金矿业旗下奥同克有限责任公司（简称"奥同克"）核心资产塔尔德布拉克–左岸金矿（简称"左岸金矿"）是吉尔吉斯斯坦第三大金矿，地处中亚"金腰带"西天山金铜成矿带上。矿山于2015年7月29日建成全面投产，现已形成日处理矿石量2500吨的规模。作为吉第二大经济效益矿山项目，紫金矿业的到来，改善了金矿所在地民众的生活，吉多位政要称赞左岸金矿是吉尔吉斯斯坦独树一帜的花园式矿区，实现了经济效益和环境保护的双赢。

走进奥同克：绿水青山全面提升员工幸福感

　　2011年9月，香港超泰有限公司（紫金矿业全资子公司）收购奥同克持有的60%股份。此后，该公司旗下的左岸金矿秉承"要金山银山，要绿水青山"的理念，积极履行企业的社会责任，融入当地，与所在地楚河州克明区共同发展，互利共赢，赢得了当地政府、企业、合作方和民众的高度评价。

　　日前，为体验奥同克的工作环境和楚河州克明区的变化，记者专程来到奥同克矿区，独家专访了该公司第一副总经理图鲁斯别克·阿克马托夫。

奥同克有限责任公司矿区内醒目的"要金山银山，要绿水青山"标语

环境美，条件好，中吉员工的"幸福之家"

车辆缓缓驶入奥同克矿区，用吉尔吉斯语、汉语书写的"要金山银山，要绿水青山"的醒目标语映入眼帘，连绵起伏的绿色山脉与蓝天相接，整个矿区景色优美，让人有一种不知在矿区而在风景区的错觉。

奥同克矿区的优美环境是该公司一直坚持"清洁、绿色、环保"矿山理念的结果。该公司财务总监邱崇德说，奥同克开矿的原则是"开发一块、绿化一块"，仅在2018年，就投入了1400万索姆，绿化了2万平方米的矿山，这种投入比例在同类行业中，排名靠前。

采访奥同克有限责任公司第一副总经理阿克马托夫之前，记者参观了奥同克"职工之家"综合性运动馆、足球场、排球场和健身房。

　　选冶厂电工努尔兰·加利耶夫说，足球场和排球场都是露天运动场，公司员工可自由进出锻炼，综合性运动馆和健身房中还有专门的保洁员和值班人员，这4个运动场是员工们下班后最喜欢去的地方，既可以锻炼身体，缓解疲劳，还可以加深吉中两国员工、公司各部门同事之间的沟通和联系，增强了员工们的凝聚力。所以，被称为员工们的"幸福之家"。

　　阿克马托夫坐在宽敞的办公室里介绍了公司的工作条件。他说，奥同克为员工创造的工作环境非常好，有专门的营养师进行三餐搭配，食物多样合理，克明区当地很多餐厅的餐食都比不上奥同克的工作餐，而且这种工作餐只需要90索姆。为了使员工的营养均衡，奥同克还为员工们准备了免费水果。

　　阿克马托夫指着窗外停靠的班车说，公司的职工大巴每天定点接送家在克明区的职工上下班，公司还为家远的职工提供免费住宿，宿舍条件也很好，每周五下班后职工可坐公司的班车回家与家人度周末。

　　阿克马托夫说，公司创造如此好的工作条件，大大提高了员工的归属感，员工们在这里工作心情舒畅，他们把奥同克当作了自己的家。

职工之家

高薪高福利，奥同克与员工共同成长

阿克马托夫曾是吉尔吉斯斯坦政府部门官员，服务期满退休后，他也曾在几家私企工作过，最后，他选择了奥同克。他说，选择奥同克是因为自己是土生土长的克明区人，希望继续为自己的家乡、国家做些贡献。

阿克马托夫说，在进入奥同克工作之前，他也曾对矿企公司的工资待遇感到好奇，并将该公司与贾拉拉巴德州卡扎尔曼矿和纳伦州索尔通-萨雷矿等矿区公司进行了对比，发现奥同克的工作条件很好，公司实力也很强，是一家具有发展前景的公司。

为了解该公司的具体人员和薪酬状况，记者专程来到公司财务处，了解到该公司目前有员工996名，其中外国技术人员60名，当地员工936名（2019年）。

从奥同克2018年年度发放工资表上显示，该公司当年发放薪酬总额为5.96亿索姆，公司职工人月均收入超4万索姆（含税和补贴），其中福利包含：生日补贴、妇女节补贴、结婚补贴、员工退休补贴、丧葬补助金、生育补贴、路费补贴、电话费补贴、免费提供水果等，并对部分岗位免费发放牛奶。

经济效益与社会效益并重，与当地相处融洽

阿克马托夫表示，奥同克是一家具有现代化开采水平的公司，开采过程中，积极响应吉尔吉斯斯坦政府数字化建设要求，不断改善员工作业环境，降低作业难度。

他说，现在，周边居民与奥同克相处融洽。公司不仅为吉尔吉斯斯坦财政带来税收，还定期向克明（区）发展社会基金和克明区未来发展

基金注资，用于改善当地的基础设施、医疗、村庄建设等。

据了解，奥同克有限责任公司已向克明（区）发展社会基金注资1.98亿索姆，向克明区未来发展基金注资5407万索姆，还额外捐赠399万索姆。公司的运行促进了当地就业，为当地居民解决1500多个就业岗位。该公司还实现部分生产物资本地化采购，促进当地经济发展，2018年当地采购额约5.2亿索姆。

阿克马托夫说，苏联时期，克明区有多个工业企业，民众都在工厂上班。苏联解体后，工厂停工，很多人失去工作。奥同克的创建开发解决了克明区民众的就业难题。

据悉，奥同克与克明区政府签署了优先招聘本地居民协议，公司在建成全面投产之前，在克明区当地学校组织居民进行了2年的免费培训，教授400余人掌握水泵操作、选冶厂工作等技能。

他说，在公司的支持下，周边的基础设施、医院、学校发生了明显的改变，人们收入提高，生活条件也得到了改善，生活越来越幸福。

奥同克第一副总经理阿克马托夫说，奥同克的工作条件很好，公司实力也很强，是一家具有发展前景的公司

奥同克运营以来，与克明区政府合作组建了招聘委员会，优先解决矿区所在地民众就业，矿区内有不少夫妻都在这里工作，马蒙库洛夫夫妇就是其中的一对。

第二个家！奥同克改变了马蒙库洛夫夫妇的生活

马拉特·马蒙库洛夫和瓦济拉·卡利洛夫娜是奥同克里多对夫妻中的一对，卡利洛夫娜每天乘坐公司的班车从奥尔洛夫卡市到矿区上班，下班后回家照顾年迈的婆婆。她是一名普通的洗衣机操作工，是她走出20多年家庭主妇生活后获得的第一份工作。每月能通过自己的努力赚到不错的工资，她感到非常满足。到奥同克上班后，丈夫马蒙库洛夫也无须饱受思乡之苦去哈萨克斯坦挣钱养家了。

奥同克给了妻子第一份工作

马蒙库洛夫和卡利洛夫娜是楚河州克明区奥尔洛夫卡市的一对普通夫妇，结婚后育有一对子女。结婚20多年来，卡利洛夫娜一直在家中照顾公婆和孩子，家中的琐碎小事让她应接不暇，没有专业工作技能的卡利洛夫娜也从未想过走出家庭，去寻找一份适合自己的工作。

马蒙库洛夫夫妇

卡利洛夫娜说，刚结婚时丈夫在奥尔洛夫卡市的一家工厂上班，后来由于效益不好，工厂便停工了，丈夫不得不远离家乡到哈萨克斯坦的阿拉木图去工作。

"那时候两个孩子一个刚上中学，一个还在上小学。丈夫一个月才能回一次家，家里大大小小的事都是我操心，所以我从来没想过去找一份工作。"

"孩子希望每天都能看到父亲，但是如果丈夫在本地工作，他的工资根本就无法维持一家老小的生活开支。因此，孩子的成长过程中缺少了父亲的陪伴。"

2012年，奥同克全面修建矿区开始大量招工，且该公司优先招聘克明区的应聘者，家住矿区最近小市——奥尔洛夫卡市的卡利洛夫娜也开始心动。

她说，那时两个孩子已经长大，她也希望为家里挣些钱，改善家庭生活。于是，根据公司的招工需求和工作能力，她获得了人生中的第一份工作——洗衣机操作工。

卡利洛夫娜说，她非常满足现在的工作，每天8小时工作制，大巴车免费接送上下班，食堂的饭菜不仅多样可口，而且还便宜，工作内容也都是机器操作，并不辛苦。

她说，在奥同克工作并没有妨碍她照顾年迈的婆婆，每天都能回家，享受国家法定节假日。

奥同克让丈夫不再背井离乡

由于妻子在奥同克有了工作，多年在阿拉木图工作的马蒙库洛夫也回到了吉尔吉斯斯坦，并于2014年应聘成为选冶厂氰化吸附工。

马蒙库洛夫说，他是矿类开发专业毕业，1997年开始在奥尔洛夫卡市的吉尔吉斯化学冶金厂3号车间工作，该工厂主要从事稀土矿开发。

2005年，工厂停工，他便失去了工作。

他的专业在吉尔吉斯斯坦不好就业，但他又不想放弃对口专业的工作。为了养家糊口，马蒙库洛夫只得离开家乡，到哈萨克斯坦阿拉木图市的一家钢结构生产厂工作。

他说，苏联解体后，克明区的多个工厂陆续停工，为了维持生计，克明区的很多人不得不远离家乡，出国打工。有的人甚至每年要在国外工作8个月。

卡利洛夫娜在奥同克上班后，发现公司有适合马蒙库洛夫的岗位。当得知公司有相应的空缺岗位时，马蒙库洛夫便立刻辞去了阿拉木图的工作，回到家乡。多年的工作经验让马蒙库洛夫轻松应聘到了专业对口的岗位。从此，马蒙库洛夫不再背井离乡。

家中的变化

两个人的收入让马蒙库洛夫一家的经济宽裕很多。得益于此，他们的大女儿已经完成了大学学业，并在奥尔洛夫卡市的一家银行上班。小儿子正在比什凯克上大学，每周末都可以回家。

到奥同克上班后，马蒙库洛夫便买了一辆私家车。他说，现在的空闲时间比以前多了很多，工作之余，他常开车带着家人出门散心旅游，有时也会去比什凯克市、伊塞克湖州和比什凯克市郊的亲戚家做客。

交谈中，刚在矿区足球场比赛完的马蒙库洛夫时不时握着妻子的双手，两人笑容灿烂而甜蜜，看得出他们现在的生活很幸福。

卡利洛夫娜说，虽然自己的工作很平凡普通，但在工作时，她充满了动力。夫妻俩对未来生活充满了期待和希望。

奥同克举行职工运动会提升团队凝聚力

2019年5月2日至3日，楚河州克明区左岸金矿热闹非凡，近300名奥同克职工欢聚一堂，身穿公司为他们定制的运动服，高喊"增强凝聚，共建和谐"口号，举行了一年一度的职工运动会。

运动会开幕式上，公司多位领导致辞，一致支持职工们在工作之余加强锻炼，提升身体素质，以运动比赛为桥梁，增进友谊，凝神聚力，展示奥同克职工拼搏进取、昂扬向上的精神风貌。

为举办2019年职工运动会，公司精心组织了排球、篮球、足球、羽毛球和拔河5个比赛项目。相比2018年运动会，增加了篮球和拔河两个项目。2020年，公司还根据员工的体育爱好和需求，增加乒乓球、台球等，丰富员工业余生活，打造企业文化。

所有比赛项目都是奥同克职工喜欢的业余运动，公司还专门为职工们修建了体育馆、排球馆和室内健身房，希望中吉两国的员工通过体育运动加深感情，增进友谊，提高彼此间的信任。

奥同克公司职工参加拔河比赛

这种融洽的企业氛围是奥同克极力打造的一种文化，也是奥同克在当地运营的理念之一，希望通过公司的实际行动，让企业员工和周边居民感受到奥同克的真心、真情。

运动场上，既有身姿矫健的年轻职工，也有年过半百仍精神饱满的职工，他们不分工种、民族和国籍，根据喜好自由组成团队，一方面高喊"友谊第一，比赛第二"，一方面也认真较量，绝不让对手分毫。

经过激烈角逐，所有比赛项目分一、二、三等奖。总经理张华辉和公司其他负责人为所有获奖团队颁发了奖杯和奖金，并为获得第一名的队员颁发了奖牌。

参加足球比赛的选冶厂电工努尔兰·加利耶夫说，足球是他最喜欢的运动，矿区内的足球场也是他最喜欢的地方，除了雨雪天气外，他基本每天都会去足球场运动，他非常感谢公司对员工们身体健康付出的努力，为大家创造了如此优越的条件。

采矿厂调度科、充填车间和综合科职工们组成的团队赢得了拔河比赛一等奖。团队组长宰托夫·阿贝占说，足球、篮球、拔河等都是非常好的集体运动，能充分培养团队的集体荣誉感，他们将非常珍惜这次获得的奖杯，因为这个奖杯是大家团结一心的标志，也非常感谢公司对运动会的支持。

奥同克左岸金矿的运作过程

2019年8月，记者跟随楚河州克明市和奥尔洛夫卡市的议员代表团走进奥同克，一探究竟。

坐拥金矿感觉如何？探秘奥同克矿区生活

"煤矿子弟"流行于20世纪七八十年代，在物资相对匮乏的年代，这个词代表着富足和幸福。那些父母在煤矿工作的孩子，不但可以解决三餐温饱，还可以享受煤矿子弟学校、煤矿医院等福利。一个矿区的开发一般需要很长时间，而且会带来大量就业，以矿区为依托，周边地区会发展起医院、学校等各类配套设施，形成一个完善的社区。

安全为纲，效益共享

记者跟随楚河州克明市和奥尔洛夫卡市的议员代表团，走进奥同克的左岸金矿，详细了解了矿区的运作过程以及奥同克所秉持的企业理念。

参观结束后，议员代表团对奥同克能取得成功表示心悦诚服，同时表示很高兴在吉看到这样优秀的企业。

代表团进入矿区的第一步是安检，金矿不同于普通矿产，安保要求格外严格。奥同克的安保系统不仅仅要保障黄金的安全，员工的人身安全一直被放在首位。戴上印有"贵宾"字样的蓝色安全帽，穿上反光背心，代表团参观了奥同克的整个厂区和生产过程。

在奥同克矿区的中控室，可以看到各个生产部门的运转情况，任何一个地方有突发情况都可以迅速确定位置，及时处理。"这里可以说是整个矿的眼睛。"工作人员向代表团介绍。

代表团随后还参观了选矿车间、充填车间等。每个车间内都有电视屏幕播放安全须知、操作要求短片，车间内的机器上也都贴有中俄双语的说明标示牌。

在另一处控制室里，可以清楚地看到矿井内的工作情况。和想象中的幽暗、脏乱完全不同，通道内整洁有序、亮堂通畅，让一同参观的议员们惊叹不已。

"任何时候，安全都是第一位。这是保障矿区正常运转，稳定生产的'压舱石'，也正是得益于此，矿区的营收稳步增长。仅去年就上交税费13.9亿索姆。自2015年建成投产以来，累计缴纳税费和其他社会基金达59.5亿索姆。"奥同克原总经理张华辉说。

沟通永远是解决问题最有效的手段

目前，奥同克共有员工996人，中方员工60人，其余均为当地员工。奥同克的入驻为当地解决了大量就业问题，当地很多孩子因为奥同克的存在成为"煤矿子弟"，很多家庭因为奥同克的存在，生活发生了翻天覆地的变化。

在跟工人交流中我们得知，矿区24小时生产，当地员工每班工作6小时，中国工人每班工作8小时。在这种情况下，保证工人良好的休息和娱乐，是矿区管理的重中之重。

在参观完生产车间后，奥同克工人权益保障委员会主席乌兰·图玛科夫向代表团介绍了奥同克在此方面所做的努力。

他说，奥同克为员工修建了宽敞舒适的员工宿舍，宿舍楼一栋五层，一楼还设有健身房、台球室，员工在休息时可以免费使用这些设施。

同时，矿区还建有"职工之家"综合运动馆、足球场和排球场等。为丰富员工的精神生活，奥同克还不定期组织各类比赛，保障员工的身体健康，促进员工间沟通交流，搭建了一个加深中吉员工相互了解，成为朋友的平台。在采访图玛科夫期间，有几名工人找他反映情况，图玛科夫立即暂停接受采访，认真地记录员工的每一句话。

他说，一般工人有问题时，首先会向他反映，然后再由他向公司领导层提出建议。"沟通永远是解决问题最有效的手段，给予员工充分表达的机会，公司领导层能认真听取和落实员工的合理诉求，奥同克在这个方面做得很好。"图玛科夫说。

奥同克是我们最好的朋友

议员代表团对奥同克矿区的生产过程和生活环境进行认真考察后，表示收获满满。张华辉说："奥同克对你们没有任何秘密。"

同行的奥尔洛夫卡市议会主席达米尔·萨雷巴耶夫向记者讲述了他的感受："这里的条件太好了，完善的安全保障，人性化的管理理念，我曾不止一次听到在这里工作的员工称赞这个地方，今天亲眼见到了，果然名不虚传。"

除了表达对奥同克工作条件的称赞之外，克明区议会主席库巴特·马明洛夫还介绍了奥同克对克明市所做出的贡献。

吉尔吉斯斯坦政要考察奥同克矿区

他说，奥同克不仅在生产过程中对部分物资实行本地化采购，还积极参与社区活动和公益事业，成立了克明区未来发展基金，用于改善基础设施、医疗和村庄建设等。2018年向所在地区的克明（区）发展社会基金注资1.98亿索姆，向克明区未来发展基金累计注资9870万索姆。

"奥同克所做的这些，极大地改善了克明市的医疗、教育和公共设施条件，让地区内的民众真正享受到了矿产开发所带来的实惠。我们感谢他们所做的这一切，奥同克是我们最好的朋友。"库巴特说。

大爱温暖人心，中企援吉抗疫在行动

疫情无情，人间有爱，在新冠疫情期间，奥同克为吉尔吉斯斯坦人民送去了来自中国的爱。

2020年4月11日，满载医疗防护物资的一辆大卡车缓缓地驶入吉尔吉斯斯坦卫生部的仓库大门。打开卡车车斗，一箱箱医疗物资上"风雨同舟，守望相助"的中俄文标语十分醒目。

据了解，这是紫金矿业奥同克公司援吉卫生部抗击新冠疫情的医疗防护物资，其中包括医用手套25000双、防护服10000套、护目镜500副、额温枪100个、热成像测温仪50个。不日，吉尔吉斯斯坦卫生部还收到该公司捐赠的18万只一次性医用口罩。

用人间大爱关怀最美守护者

2020年4月12日，中吉双方举行援吉抗击新冠疫情医疗防护物资捐赠仪式，吉副总理阿依达·伊斯马伊洛娃说，目前，吉卫生防疫系统的医护工作者们比以往任何时候都需要医疗防护用品。他们工作在抗疫前线，与患者近距离接触，奥同克的爱心捐赠如雪中送炭，她代表吉尔吉斯斯坦对中国人民和奥同克的友好相助表示诚挚的感谢。

同时，伊斯马伊洛娃也高度赞赏奥同克多年来为吉尔吉斯斯坦社会和经济发展所做的积极贡献。

奥同克原总经理张华辉曾在接受记者采访时说，生命重于泰山，疫情就是命令，防控就是责任。在这场史无前例的斗争中，吉尔吉斯斯坦医务工作者坚持以民众为中心，舍小家、顾大家，第一时间投入到医疗救治、检测防控、病毒消杀和防疫宣传等各个战场。在这段不同寻常的日子里，他们用心血和汗水守护着吉尔吉斯斯坦700余万民众的身体健康和生命安全，是当之无愧的战士，是"最美守护者"。

他表示，疫情无情，人间有爱。公司响应政府和股东号召，立即投入抗疫工作，在中国驻吉大使馆和吉尔吉斯斯坦中国总商会的倡议及帮助下，通过多方努力，将价值为20万美元抗疫物资第一时间移交至吉卫生部。

紫金矿业奥同克公司援吉抗击新冠疫情医疗防护物资
捐赠仪式在比什凯克举行

配合社区防疫工作，履行社会责任

张华辉说，紫金矿业一直以"和谐创造财富，企业、员工、社会协调发展"为宗旨，致力于做一家合法经营，有担当、有责任的企业。

除向吉尔吉斯斯坦政府捐赠该批次防疫物资外，奥同克还积极参与到公司所在地吉尔吉斯斯坦楚河州克明区的防疫工作中，提前缴纳税费，为医护人员、防疫人员等捐赠了防护服、护目镜、口罩和消毒液等防疫物资，委派人员配合区政府开展社区管控防疫工作等。

他说，为保障公司员工集中工作和隔离期间的正常生活，公司内部为员工额外发放了面粉、食用油等生活物资。同时，公司全体员工顾大局，改变工作方式，延长上班时间，确保企业正常运营。

此外，奥同克还注资克明区未来发展基金，保障1800名相关联员工获得稳定收入，资助社区困难家庭，为当地社会贡献最大力量。

张华辉表示，他相信在吉尔吉斯斯坦政府的领导下，在吉尔吉斯斯坦人民、医护人员以及社会各界的共同努力下，吉尔吉斯斯坦的新冠疫情将得到有效控制。

他说："当前我们最需要的是坚定信心、齐心协力、团结应对。危急时刻，团结就是力量，奥同克也会积极响应国家号召，切实承担企业社会责任，与吉尔吉斯斯坦人民一起，众志成城，共渡难关！"

吉尔吉斯斯坦需要奥同克这样的企业

"中国公司的好心人已经多次为我们送来生活物资，他们对老人的关心真是一件令人高兴的事，这对我的家人来说也是非常及时的。"居住在吉尔吉斯斯坦楚河州克明区扎内-阿里什村的退休老人阿尔特梅什·坚季克耶夫无法掩饰内心的喜悦。老人口中的中国公司便是奥同克。克明区区长努尔兰·沙尔申纳利耶夫说，自2020年新冠疫情发生以来，奥同克除履行公司的社会责任外，还向吉尔吉斯斯坦卫生部、克明区医疗机构和克明区的贫困家庭捐赠医疗物资和生活物资，体现了中国人民乐于助人、无私和友善的真诚一面。

他们守护人民，我们努力关怀人民的守护者

对于克明区家庭医学中心的医护人员来说，2020年的医务工作者日（7月的第一个星期日）是个难忘的节日。虽然是周末，但由于新冠疫情局势仍然严峻，医护人员们依然紧张地工作在抗疫前线。

节日前夕，奥同克第一副总经理图鲁斯别克·阿克马托夫与该公司几位代表拜访了克明区家庭医学中心，向该中心的医护人员赠送了礼物以表达节日的祝贺，奥同克还向克明区的55户贫困家庭赠送了生活必需品。

该中心医生古丽米拉·阿依德拉利耶娃说，从疫情暴发初期，奥同克就开始向吉尔吉斯斯坦卫生部和医疗机构提供帮助，是首批向吉尔吉斯斯坦捐赠防护物资的公司之一。该公司向吉尔吉斯斯坦卫生部捐赠了价值20万美元的医疗防护物资，为克明区疾病预防和国家卫生与流行病学监督中心购买了价值10万索姆的消毒器材。

此外，在新冠疫情期间，奥同克还协助克明区奥尔洛夫卡市政府在克里斯塔尔运动场馆开设了一家可容纳50张病床的日间医院（患者接受治疗打针后需要回家休息的医院），该日间医院缓解了疫情高发期当地患病居民就医难的问题，及时帮助患者恢复健康。

阿克马托夫说，疫情突袭，医护人员用自己的生命守护着吉尔吉斯斯坦民众的身体健康，日夜奋战在抗疫前线，公司也将尽全力关怀医护人员的健康。

帮助不是第一次，也不是最后一次

据悉，奥同克除克服疫情造成的生产困难外，还持续为公司所在社区提供社会援助。公司向克明区扎内–阿里什村的低收入家庭分发了食品包，其中包括一袋优质面粉、20公斤糖和荞麦。

扎内–阿里什村的社会工作者阿丽娜·坎娜耶娃说，受新冠疫情的影响，许多人失业了，该村很多中等收入家庭变成了贫困家庭，奥同克已向该村贫困家庭多次分发生活物资，帮助他们渡过难关。

克明区区长沙尔申纳利耶夫说："疫情期间，很高兴能看到奥同克在保障人员安全的情况下继续全模式工作。困难时期，该公司是首批为区新冠疫情总部提供个人防护设备、消毒剂以及燃料和润滑油料的企业之一。值得强调的是，该公司遵守最严格的防护和隔离措施，最大程度保障员工健康，奥同克在预防新冠病毒方面的很多宝贵经验值得我们学习。"

沙尔申纳利耶夫说，奥同克对克明区的帮助不是第一次，也不是最后一次，公司用实际行动感动着当地居民，与当地居民成为好朋友。

吉尔吉斯斯坦需要这样的企业

奥同克行政管理人员伊曼纳利耶夫说，近年来，奥同克一直稳定运营，并且正在努力提高金矿石的开采速度，为吉尔吉斯斯坦经济发展做出突出贡献。

"除了生产上获利，我们还把员工的身体健康和矿厂所在地区的生态安全放在首位。我们与克明区行政当局签署了明确协议，尽管新冠病毒在吉尔吉斯斯坦蔓延，我们仍将努力完成先前制定的2020年年度计划。"伊曼纳利耶夫说。

由于疫情，奥同克调整了公司的运营方式，采用封闭式管理模式。

全额自费为所有员工进行快速核酸检测，保障矿区内所有生产线上员工的安全。该公司员工超1000名，公司向所有员工提供防护服、消毒液和口罩。

伊曼纳利耶夫说，吉尔吉斯斯坦需要像奥同克这样的企业。根据奥同克上半年的工作成绩，公司向吉尔吉斯斯坦政府上缴10.07亿索姆的税收。此外，公司上半年向吉尔吉斯斯坦海关支付超7100万索姆，向社会基金注资7480.4万索姆，非税支付总额为1.81亿索姆。半年来，公司总计向吉尔吉斯斯坦预算转移13.87亿索姆。

奥同克左岸金矿运营以来，矿区所在地奥尔洛夫卡发生了哪些变化？请跟随记者的脚步，走进这座仅有7500人的小城。

奥尔洛夫卡市重生记：奥同克救活了一座城

沿着比什凯克—纳伦—吐尔尕特公路驱车一个半小时，便到达楚河州克明区，公路上"紫金矿业搭建中吉友谊桥梁，实现'一带一路'左岸项目合作共赢"的中吉俄文标语格外引人注目。驶入小路几千米后，便进入奥尔洛夫卡市，市内的柏油马路是新修的，平整而干净，道路两旁绿树成荫，车少、人少而安静。在奥尔洛夫卡市，该市的市长巴克特别克·昌恰罗夫和几位市民向记者讲述了奥尔洛夫卡市重生的故事。

向市场经济的艰难跨越

苏联时期，奥尔洛夫卡市曾经被国家冶金厂包围，市内的道路、学校、幼儿园、供水系统、供暖系统都依靠冶金厂建造或该厂资助建造。苏联解体后，冶金厂产量下降，工作岗位减少。

为了生存，很多居民过上了移民打工的生活，而那些留下来的人，

奥同克运营后，矿区所在地奥尔洛夫卡市里几乎所有街道都铺上了柏油

则开始适应市场经济，有的从事农作物生产，有的从事畜牧养殖。

　　冶金厂无人看管，甚至到了拆除建筑材料的地步，有的人拆除了窗户，有的人拆了门，甚至有的人拆了砖块。

　　"2008年，我刚来奥尔洛夫卡市时，这座城市的状况令人感到遗憾。我家旁边有一栋五层楼的楼，房子全被拆掉了，只剩下混凝土框架。那些年里，我们唯一的收入来源是在市场上做生意。"童装店老板哈利达·茹苏波娃回忆道。

重生：从大萧条到复苏

　　从2012年起，奥尔洛夫卡市的情况开始发生变化，在该市南部的山区，中国紫金矿业集团持股建设的奥同克有限责任公司左岸金矿开始运营，矿业生产的部分税收进入地方预算。

　　茹苏波娃说，那些年，城市里出现了几个活跃的青年，他们开始思考城市的命运，并将市里的困难向地方议会反映。后来，预算资金得以用于修路、学校和幼儿园，许多当地居民在奥同克找到了工作，不用出远门打工了。

奥尔洛夫卡市市长昌恰罗夫介绍，企业的两种税收进入地方预算，奥尔洛夫卡市70%的预算来自奥同克，资金数量每年超过7000万索姆，奥尔洛夫卡市每年的总预算为1.06亿索姆。

"对于仅有7500人的小城来说，这是一笔可观的数目。市政府用这笔资金修复学校、幼儿园和道路。学校安装了监控摄像头，更换了窗户。"他说。

除了城市预算，奥同克还定期向克明（区）发展社会基金和克明区未来发展基金注资，根据计划，奥尔洛夫卡市计划用获得的资金发展创收项目，帮助市民自主挣钱，减少他们未来对企业的依赖。

"多亏了奥同克，这座城市才实现了自给自足。预算资金足以支付所有公用事业费用。包括中央供暖系统的维护、供水、市政建筑的电费、街道照明、学校供餐等。"昌恰罗夫高兴地说道。

预算资金改造了奥尔洛夫卡市唯一的体育场馆，克明区的摔跤、举重、排球、足球、篮球等项目都在这里进行。该市市政府承担了当地运动队的差旅费。"由于体育场有效利用起来了，从去年起，我们的青少年足球队成绩在楚河州名列前茅。"昌恰罗夫说。

如今，该市的教师每年可获得10000索姆的拨款，用于支付水电费和购买煤炭。现在，市政府可以将预算资金用于发展，而之前微薄的资金只够"修补漏洞"。

便利而安静，小城面貌焕然一新

据了解，奥尔洛夫卡市的人口自2010年起开始不断增长，很多人从伊塞克湖州和纳伦州等其他地州搬到这里工作和生活。"去年，学校一年级的学生增加了4个班，从这一点也可以看到人口的增长。"昌恰罗夫说。

土地价格上涨等因素也正在促进城市复兴。据昌恰罗夫回忆，2010年，购买一块修建房屋的土地仅需3000—5000索姆，如今，已经涨到20万索姆了。

实际上，奥尔洛夫卡市的位置非常便利。一个多小时车程可以到首都比什凯克，也可以到达滑雪胜地——巴雷克奇。并且，该市拥有牧场、灌溉农田和雨养农田，有三所中学和三所幼儿园，两个医疗和产科站以及一个诊所。

塔蒂亚娜是奥尔洛夫卡市的新居民，前不久，她与丈夫一起从坎特搬到这里，她很喜欢这座小城的安静和舒适。她说，城市里铺砌整齐的道路、丰富的绿色植物、良好的夜间照明、不间断的供水让他们一家在这里生活得很惬意。

童装店老板茹苏波娃说，城市真的变了，晚上街道上有路灯，她和孩子们夜间出门也不害怕了。市民的生活水平也得到了改善，大家兜里有钱了，集市不像以前那样赊账交易了。

中学学生娜提玛也注意到这座城市每年都在慢慢改善。"我们学校的设施正在不断更新，城市道路和公园正在维修，运动场也正在运作。"

与居民交谈后，记者开车在城里转了一圈，几乎所有街道都是平坦的柏油马路，幼儿园内设施齐全，占地面积比吉首都比什凯克还大几倍。一些地方正在建造新房，整座小城正在悄悄换"新衣"。

12 | 守望相助，亲如一家
中海市场里的真情故事

在古丝绸之路经济带上，吉尔吉斯斯坦凭借优越的地理位置发展成重要驿站。如今，首都比什凯克市已发展成为该国的中亚商品集散地。在这个百万人口的城市里，拥有大大小小批发市场10来家，中海市场正是其中最有名的"中国商城"。

2013年，中海市场的商户们自发组织，在吉注册成立了中商商会，来自中国不同城市的商户们互相帮助、共同面对各种困难，还每年组织为商场内的贫困员工捐赠物资，与当地人成了真正的好朋友。

中海市场

吉尔吉斯斯坦市场的中国商人：
满足当地民众生活需求

2014年7月，中国新闻社"新世纪丝绸之路华媒万里行"采访组采访了比什凯克市中海市场，了解并感受中国商人工作和生活上的喜与忧，中海市场也因此广为人知。

中海市场是中亚最大的商品批发、零售综合市场。和中国常见的大型批发市场相比，相同的是都比较热闹，人员车辆络绎不绝；不同的是中海市场比较简单，铺面都是用集装箱堆叠排列而成，每个铺面由上下相叠的两个集装箱组成，下层开门卖货，上层存货，中间相连，从外面看是一排排的集装箱，乍一看还以为是集装箱市场。

"不要小看这个市场，中国的商品就是通过这里源源不断地进入中亚各国，甚至欧洲。"来自云南的客商王富强说。

从2005年来到吉尔吉斯斯坦，王富强一直在中海市场发展。"上世纪90年代我就在广州、深圳那里给家电企业打工，后来到乌鲁木齐时，经朋友介绍来到这里，感觉有机会就留下了。当然，最主要的原因还是不想再给别人打工。"他说。

在王富强创业的同时，中海市场也在不断发展，最直观的表现是铺面价一路上涨。"我所在这片区域，2005年一个集装箱铺面价格是1万美元，现在需要5万美元。"

记者看到，中海市场内商品门类繁多，从服装、电器到渔具，林林总总，轻工业产品占据了市场绝大多数份额。

"这里的商品大部分是'中国制造'。"王富强说。中吉两国毗邻而居，中国是制造业大国，而吉把自己定位为中亚区域商品的集散地，商场内出现诸多"中国制造"一点儿也不奇怪。

不过，也有让经营家用小电器的王富强忧心的地方。吉只有500多万人口（2014年），消费市场容量有限，王富强这样的客商们的货物必须通过吉转运到乌兹别克斯坦、哈萨克斯坦等国才能赢利。

他举例说，一旦吉对他国市场批发业务停滞，铺面的营业额就会明显下降。"我现在处于走一步看一步的状态，实在不行的话，我就离开这里。之前这个市场大部分是中国人在做，随着越来越多的当地人学会与中国生产厂家建立联系，现在的市场内的中国商人减少了很多。"

与王富强不同，来自浙江、持有吉"绿卡"的刘明已经把自己当成了吉尔吉斯斯坦人。"我和爱人2008年在比什凯克买了房子，我们很喜欢这里，天气好、空气好、食品好。"

刘明的生意是为当地的商店或小型超市提供货架，面对当地市场做零售。这和王富强有很大的不同。"我们一边生活，一边工作，也没想要赚多少钱，只要生活充实开心就好。"

同样的环境，因不同的工作业务，不同的生活态度，对市场的看法是不同的。年逾六旬的刘明，1992年到哈萨克斯坦做生意，一待10年，然后来到吉，如今让他闲不下来的已经不是生意，而是生活方式。

毫无疑问，包括中海市场在内的吉尔吉斯斯坦诸多市场，设施、环境相对简陋，但在吸纳周边国家众多商品的同时，也满足了当地民众的生活需求，随着丝绸之路经济带合作发展不断深入，相信市场形态会进一步升级。

探访中亚地区最大中国商城

2018年7月，"'一带一路'看浙商"采风团来到比什凯克中海市场。整个市场由1万多个集装箱组装而成，拥有近800个商铺，其中浙江商户超过300家。

中海市场里拥有成千上万种小商品，轻工业产品占据了绝大多数份额。小到一枚别针、一块肥皂，大到一台小家电、一把电动工具，这些产品大部分产自中国，通过中海市场这一商品集散地，源源不断地进入寻常百姓家中。

吉尔吉斯斯坦中商商会会长赵建共是浙江诸暨人，也是这家市场里质量最好、规模最大的袜业批发商之一。

2000年，他在朋友的引荐下来到比什凯克做起袜子生意。"中海市场就是被中国商人，特别是浙江袜业商人带热闹起来的，逐渐将它发展成了中亚地区最大的批发市场。"

赵建共告诉记者，2006年到2012年是中海市场的贸易高峰时期，顶峰时期的中海市场，年营业额超过5亿美金。自吉尔吉斯斯坦加入欧亚经济联盟后，对中国的关税提高了不少，同时受到电商的冲击，中海市场以往的优势减少了不少，生意也受到了不小的冲击。"但是，我们早就深深地融入这片土地，依然希望能凭借我们在吉尔吉斯斯坦多年的打拼，为'一带一路'贸易通联贡献自己的力量，为当地带来更多优质的中国商品。"

2004年，义乌商人施文彬来到中海市场，十几年来一直经营着包装礼品的生意。施文彬说，吉加入欧亚经济联盟后，生意相较以往差了许多。但在记者采访期间，前来店里采购的客商仍有不少。

除了能让吉尔吉斯斯坦人买到物美价廉的商品，中海市场里的中国商户更为当地创造了大量就业机会，带动中吉两国不少中小企业发展。

记者看到，几乎每家商铺都聘请了几名当地售货员，而当地人对这份工作的认可度超出了他的想象。采访时，就有人告诉记者，曾有吉尔吉斯斯坦年轻人放弃了在政府部门工作的机会，跑到中海市场做了售货员。

2013年，中海市场内多名商人发起成立了吉尔吉斯斯坦中商商会（以下简称"商会"），商会成员抱团取暖，互相帮助，排除困难。下面，就让我们听听商会会长赵建共讲的中商商会的故事。

来自义乌的华商在吉尔吉斯斯坦共同庆祝中华人民共和国成立 70 周年

维护在吉华商利益，共创中吉兄弟情谊

低调、谦虚、实干、严谨的作风让商会会长赵建共在当地华商圈颇有名气。商会在他的带领下，成员们分工合作，共同面对在吉尔吉斯斯坦遇到的种种困难，坚持"一方有难，八方支援"，并与当地商人相互帮助，经常组织爱心活动，渐渐融入吉当地社会。

从五人小组到中商商会

2000年，赵建共到吉从事服装外贸（主营袜子）生意，20多年的风雨让他感到在吉华商团结在一起的作用。

赵建共回忆，2004年4月16日，因为电工工作失误，比什凯克中海市场发生火灾，大火几乎烧毁了市场的所有商铺。为了挽回华商们的损失，由赵建共和其他四名华商组成的五人小组与中海市场所属公司多尔多伊公司进行了谈判，最终让108家中国商户得到了满意的赔偿，也为中海市场留住了华商。

赵建共说，根据当时的摸底统计，108家中国商户的直接经济损失达到388万美元，受损严重者连吃饭、坐公交和打电话的钱都没有。了解情况后，小组成员到未受灾的市场组织捐款，所捐款项都发放给中海受损最严重的商户，让大家先吃上饭，坐上车，充上电话费，渡过眼前的难关。

经过4个月的谈判，多尔多伊公司同意通过减免税收，免费续租（一定期限）商铺、集装箱等方式为商户弥补损失，将受害商户的损失降到了最低，多尔多伊公司也留住了华商，市场逐渐恢复了往日的生机。

此次谈判的结果在吉整个华商圈中影响很大，当时的五人小组慢慢发展成为十人小组，在中国驻吉大使馆的支持下，2013年商会正式在吉注册成立。

五个部门一个群：华商的坚实后盾

赵建共说，在吉中国商户多而杂，分布于比什凯克的各个市场，因此商会成立后制定了严格的规章制度。商会建立了一个微信会员群和五个部门，分别是市场管理部、市场外事部、应急部、文体部和慈善部。

他说，微信会员群中有八个小组，由中海市场的四个组和比什凯克其他市场的四个组构成。中海市场的商铺有四排，每一排为一个组，每组自行选出一名小组长，并担任商会的副会长。每组组员在群中的名称都包括小组编号、商户摊位号和姓名。会员一旦遇到困难，在群中一发消息，其他会员就能知道此商户位于哪个摊位，离他最近的会员或组长可以精准、快速赶到现场，共同帮助其解决困难。

一般情况下，商户们遇到的小问题可由组长帮助解决，解决不了时，可汇报到商会，由商会出面解决。如今，微信会员群中有300人左右。

赵健共说，市场管理部主要解决市场内部的问题，长期以来，商会对市场的动态了如指掌，并与中海市场的总经理相互协商，互通有无，共同解决遇到的困难。更重要的是，该组织把华商凝聚在了一起。

市场外事部主要解决每天下班后华商们遇到的困难，应急部负责处理紧急情况，文体部则经常组织钓鱼比赛、篮球友谊赛等活动，充实华商们的业余生活。

赵建共说，在商会成立之前，华商与当地商人发生争执或受到不公平对待时，只能吃哑巴亏，还会无缘无故受到敲诈勒索。商会成立以后，华商们说话硬气了，当有人来检查时，必须先出示证件才可搜查。商会用法律武器保护华商，维护商户利益。几年下来，商会内几乎没有发生过打架斗殴事件，吵架的人也很少，华商的人身安全和财产安全都得到了有效保障。

结兄弟情，传递中国心

近年来，当地商户与华商之间贸易往来越来越紧密，当华商的利益受到损害时，当地商户的利益也将连带受到损害。所以，当华商遇到困难时，当地商户都会主动向有关部门反映，以便快速解决问题。经过几次磨合，在吉华商与当地商户建立了手足般的情谊。

商会成立以来，始终坚持做慈善活动，商会中有专门负责慈善活动的部门。每年"六一"儿童节和吉尔吉斯斯坦新年，商会都组织捐赠物资，将爱心传递给吉民众。

此外，如果市场上的商人听到或看到当地发生重大灾难（例如帮工的农作物遭受自然灾害，家中亲人患有重大疾病）时，也会临时组织捐赠。

赵建共说，组织捐赠之前，负责慈善活动的会员都会提前向受助者了解所需物品，然后再组织捐赠，确保将捐赠品送到真正需要的受助群体中。

他说，每次组织慈善活动，商户们都很积极，每次慈善活动收到的捐赠品都超出计划，有时活动都结束了，还有不少商户打电话咨询是否还可以捐赠。

赵建共说，商户们之所以在慈善活动中那么积极，一方面是希望尽自己的努力帮助吉普通民众，让他们感受到中国人民对他们的善意，加深中吉两国人民间的友谊。另一方面，商会给会员们带来很多实实在在的好处，让身在海外的华商愿意同商会一起与吉尔吉斯斯坦人民相互帮助。"如今，华商与当地商人相互融合，我们像兄弟姐妹一样，相互离不开。"

在中海市场，一半以上华商都来自中国义乌。他们凭借不怕吃苦和勤劳友善的品质，在这个远离家乡的城市里与当地人打成一片。与此同时，中国的日益强大，也逐渐消除了当地人对中国人的偏见，有人甚至在这里收获了爱情和家庭。

将义乌小商品城"搬"到吉的华商

浙江义乌是一座因小商品而繁荣的城市，这座小镇从"鸡毛换糖"起步，自第一代义乌小商品市场到经营面积达150万平方米的义乌国际商贸城，仅用了20多年。义乌在如此短的时间内发展成为享誉世界的小商品批发城，离不开最初沿街叫卖的义乌小商贩，更离不开远离家乡，艰苦奋斗在海外的义乌华商。

在吉尔吉斯斯坦就有这样一群来自义乌的商人，他们将义乌小商品批发城"搬"到吉尔吉斯斯坦，不仅丰富了吉市场，还壮大了自家企业，实现互利共赢。

将义乌小商品批发城"搬"到吉

走进位于比什凯克市的中海市场，各类中国制造的工艺品、饰品、日用百货和文体用品令人眼花缭乱，熙熙攘攘的人群中有带着喜悦之情认真挑选商品的顾客，有推着独轮车匆匆送货的帮工，有洋溢着笑脸叫卖的商贩……

市场里的吉尔吉斯斯坦人总能热情地用"你好""需要点什么""这个好"等简单的中文向顾客打招呼，而中国商人也能用带有乡音的俄语与顾客讨价还价，整个市场极为热闹。

据了解，中海市场的义乌商人中大多已在吉生活十几年，最早一批人已在吉尔吉斯斯坦做了20多年的生意。中海市场是中国小商品集中地，从义乌运输到这里的商品大多经当地商人之手远销至俄罗斯和中亚各国。

化妆品批发商陈争冬说，义乌的商品物美价廉，应有尽有，是市场上的抢手货，加之中亚各国的轻工业发展不足，市场需求量大，销售旺季常供不应求。

来自义乌的陈争冬在多尔多伊市场经营一家化妆品店

中国援吉民生工程化解偏见，中国技术在吉生根发芽

在中海市场，随处可见中国人和当地人互帮互助的情景。看到吃力的搬运工，市场上的中国人都会习惯性地伸手帮一把，商户之间大多也能叫出对方的姓名来，时不时还能看到两国商人相互分享经验。

鞋子批发商陈林宝在吉做了15年生意，见证了当地人是如何一点一点消除对华商误解的过程。他说，虽然中国的产品好，当地的需求量也很大，但多年来，部分吉尔吉斯斯坦人对中国持有偏见，总认为中国人抢占了他们的工作机会和商业利润。

"如今不一样了，2013年，中国国家主席习近平主席提出共建'一带一路'倡议，越来越多的中国企业和考察团来到吉尔吉斯斯坦，中国政府援建的道路、学校和医院等民生工程让吉尔吉斯斯坦百姓实实在在地感受到了来自中国的帮助和诚意，当地人逐渐消除了对华商的偏见。"他说。

衬衣销售商虞坚华说，一些在华商店铺里打工的吉尔吉斯斯坦人经过多年的发展，从华商企业里学习到了经验，拿到了进货或销售渠道，目前已经自己当上老板，还有一些长期与中国生产商打交道的当地人，学会中国技术后在本地开了服装厂。

"我也计划今后从中国进口优质布料，在吉尔吉斯斯坦生产加工，以适应激烈的市场竞争。"虞坚华说。

收获异国爱情，专心慈善事业

化妆品批发商陈争冬是中海市场内义乌老乡中最令人羡慕的一个，他在吉打拼15年，不仅收获了自己的事业，还喜获爱情。

陈争冬20岁出头就来到比什凯克做生意，在一次伊塞克湖之旅中与

玛利亚娜相识，这位精通汉语又勤快善良的哈萨克族姑娘很快就俘获了陈争冬的心，两人于2016年登记结婚，如今已有两个可爱的孩子。

陈争冬还是中商商会慈善部的负责人，每逢"六一"国际儿童节和吉尔吉斯斯坦新年，他都会组织华商捐款捐物，将所捐物品送往当地残疾人福利院或者送给比什凯克市贫困家庭。

在吉生活多年，陈争冬与这里的人们已建立了深厚的感情，他说，真心希望吉民众的生活会越来越好，本着"能帮一点是一点"的心愿，他将把慈善工作继续做下去。

享受中国式便捷生活，期待下一个 10 年变化

近年来，吉政府推出不少吸引外资的政策，该国的营商环境也趋于好转。做箱包生意的胡志刚不久前将妹妹也接到比什凯克发展，并经营起了一家中餐快餐店。

胡志刚说，5年前，市场里开起了第一家中餐快餐店，解决了华商们"早晨顾不上做饭，中午不知道吃什么"的困难。如今快餐店已发展到三四家了，不仅提供送餐业务，还可在线支付，让大家在国外也能享受到中国式的便捷生活。

在吉的义乌商人中，"二代"义乌人正悄然来到，与上一代义乌人不同的是，他们拥有创新思维，把现代化的销售理念带到国外。

10年前，施志超曾在吉留学两年，如今，他带着梦想再次来到吉，继续父亲的事业。他说，几年的时间，吉发生了很大的变化，多家商超和现代化建筑拔地而起，他期待10年后的吉变得更好。

2020年，新冠疫情席卷全球。中国疫情严重时，中海市场吉尔吉斯斯坦商人在网上声援中国，为中国送去抗疫物资。吉因疫情遇到困难时，该市场中国商人对市场周边困难群众进行救助。两国人民共克时艰，守望相助，同渡难关。

吉商人声援中国，冀疫情早日结束

"希望新冠疫情早日结束，中国货物可以尽快出口到吉尔吉斯斯坦。因为疫情的原因，我们国家临时关闭了吉中边境口岸，暂停了吉中航空运输，我们只能尝试从土耳其等其他国家进口商品，但成本太高，如果这种情况继续下去，将会给我们的经济收入造成很大的压力。"2020年2月，在吉首都比什凯克市中海市场经商的萨马拉·库拉托娃一脸忧愁地对记者说。

库拉托娃全家依靠在中海市场经营零售生意为生，但自从新冠疫情暴发后，商铺无法得到货源补充，半个月的销售已让库存日渐见底，货源问题已直接影响到她家的生存之本。

疫情期间，中商商会和中海市场管理方共同出资为每户困难家庭
送去大米、白糖和食用油

记者来到中海市场，发现各大商铺货架上依旧摆满了各种各样的商品，但市场内的人群明显比平常稀疏很多。"往年这个时候，市场上人来人往，非常热闹，今年买东西的人却少了很多。"在中海市场经营百货批发的中国商人张彬瑶说。

张彬瑶是春节期间为数不多留在吉的中国商户之一。据他介绍，新冠疫情暴发后，很多中国商户暂时不能返吉，只能授权当地帮工开张营业。虽然各商家暂时没有出现断货情况，但这种情况也仅能维持一段时间。

多年来，吉企业家阿季尔别克·图拉托夫一直从中国订购商品，然后中转销售到俄罗斯等其他国家，他的企业也在中吉两国经贸合作逐渐深入过程中，越来越壮大。

图拉托夫说，吉中边境口岸关闭后，他已无法从中国订购到货物，生意只能暂停。但他对两国政府的做法表示理解和支持。"通过这次疫情，我们将会更加珍惜与中国的经贸合作关系。"

新冠疫情发生后，受影响的不仅中海市场一家，吉尔吉斯斯坦首都的另一家大型中国商品贸易城——大唐市场也受到了影响，为帮助中国抗疫，该市场协会创始人阿斯卡尔·萨雷姆别科夫在照片墙上声援中国，并通过吉尔吉斯斯坦紧急情况部向中国捐赠50000个医用口罩。

第九年！中商商会为吉困难家庭献爱心

"阿依别克。""古丽娜尔。""苏云别克。"……2021年12月28日早晨，比什凯克市中海市场的仓库前聚集了一批困难群众，大家根据念到的名字，有序地领取面粉、食用油、空心粉等生活物资。

中海市场帮工博龙拜（中）说，得到中国好心人的帮助，他是幸运的

年年花相似，岁岁爱不同

据了解，这是中商商会组织的爱心捐赠活动，该商会自2013年成立以来，每年冬天都会向当地困难民众发放爱心物资，奉献一份爱心。

中商商会会长赵建共说，慈善是中华民族世代相承的传统美德，爱心捐赠是商会成立以来一直坚持做的事。近两年来，虽然受新冠疫情影响，中国商户的经营遇到了各种各样的困难，但考虑到市场周边村庄当地民众的生活更困难，商会决定尽最大努力帮助他们，希望这批物资能帮助这些有需要的人过个温暖年。两国人民相互关心和支持，中吉两国友谊地久天长。

中商商会副会长陈争冬说，此次受捐者大多是中海市场周边的单亲家庭、多子女家庭、孤寡老人和残疾人等，一部分是市场家庭困难的帮工和拉车工人，共计42户家庭，捐赠物资价值7万余索姆，资金来自中商商会慈善基金会，物资集中发放，困难户统一领取。

赠人玫瑰，手留余香

有残疾的退休老人埃尔金·苏莱曼诺娃到市场领取物资时嘴里不停念着，谢谢好心人，做好事的人一定会有好报，希望好人一生平安。见她拄着拐杖，一旁的年轻人急忙帮埃尔金接过面粉，帮她送到家里。

博龙拜是中海市场的一名帮工，尽管他身体一直不好，但给市场里的商户拉货挣钱是他家唯一的生活来源。他说，妻子要照顾家中的四个孩子，没有工作，全家挤在一间不足30平方米的出租屋里，商会给予的帮助和关心令他感动。

博龙拜坦言，其实吉还有很多需要帮助的困难家庭，得到中国好心人的帮助，他是幸运的。

埃尔金·苏莱曼诺娃到市场领取物资

长者埃格姆别尔季·博龙巴耶夫代表村里的贫困户感谢中商商会的捐赠。他说，中商商会每年都组织慈善捐赠活动，慈善捐赠不在于捐赠资金和物品的多少，最重要的是捐赠者有一份善心，每年都帮助吉尔吉斯斯坦困难群众，受捐助者的生活确实很困难，而这份礼物让大家在新年来临之际感到温暖。

13 | 优秀的团队，打造一流的项目
中铁五局的中国速度

中国中铁五局集团有限公司（简称"中铁五局"）作为中国基础设施建设领域的重要企业，在共建"一带一路"过程中，在中国与中亚的合作中发挥了重要作用。作为中铁集团旗下的子公司，中铁五局在铁路、公路、桥梁、隧道和城市轨道交通建设等方面具有丰富的经验和专业技术，能够为中国与中亚国家之间的基础设施建设提供全方位的支持与合作。

吉尔吉斯斯坦经济"大动脉"打通又一"堵点"

连接吉尔吉斯斯坦北南的比什凯克至卡拉巴尔塔公路路段的糟糕路况曾令吉尔吉斯斯坦政府头疼不已。而如今，经过中铁五局的重建和修复，全长45.1千米的道路畅通无阻。

据该路段项目经理张亮介绍，该路段的畅通将缩减比什凯克至吉尔吉斯斯坦南部地区以及通往邻国塔吉克斯坦、乌兹别克斯坦和中国的路途时间，减少交通事故发生，带动沿线经济发展。

"大动脉"施工中的"小阻力"

比什凯克至卡拉巴尔塔公路项目（通称"BK项目"），道路主体设计为双向4车道，城镇地段为双向6车道，沿线包括6座桥梁和10座地下

通道，约200座涵洞以及纵向水沟，同时安装了交通信号灯、路灯、交通标志牌和道路标线等道路设施。项目于2017年4月开工，受新冠疫情影响，项目工期虽有延迟，但也于2021年11月18日交验。

作为吉尔吉斯斯坦交通的南北"大动脉"，BK项目的建设并没有那么顺利。据张亮介绍，由于该路段车流量非常大，施工时无法修建便道和改道引流，只能采取半幅施工，为保证施工安全，采用防撞墩将施工现场和行车区域分离。

他说，项目开工初期受复杂的地下管线影响（部分管线属于苏联时期埋设，无资料可查），项目部在加强调查的同时与吉电信部门、水务部门和政府沟通，实现早发现、早改移，确保施工的延续性。

此外，道路沿线的居民房较多，且大部分都是苏联时期修建的老旧房屋，而道路施工需要采用重型压制设备，为了避免振动施工给房屋造成损坏，项目通过改变施工工艺，解决了振动给房屋带来的损坏。

新冠疫情给BK项目带来了挑战。张亮说："当时，项目只有冬季留守的7名中方员工，2020年年初，在吉尔吉斯斯坦疫情还未暴发时，我们从国内动员了十几名员工到吉复工复产。同年8月，在驻吉使馆的帮助下，包机运送剩下人员返岗，有效补充了项目的力量，保证了项目的施工进度。"

看着眼前平坦宽敞的新修大道，张亮说："路修好了，修路时遇到的问题就没有那么重要了。"修路期间，沿线居民对项目工作非常支持和理解，采访时，张亮再次表示感谢。

带动当地就业，履行社会责任

BK项目开工以来，项目每个月为吉尔吉斯斯坦提供约600个稳定就业岗位。中铁五局定期对当地员工进行职业、安全和健康教育培训，培养了一大批专业的测量、实验、交通、安全、环境等方面的工程师。项目施工所需的大宗主材商品和附属周转材料主要从当地建材市场采购，给当地制造业带来了一定的经济效益。

施工期间，中铁五局在履行社会责任方面从未间断，例如：协助村委会改善乡村道路；出资100万索姆为别拉沃兹克地区的孤儿院平整校区场地，摊铺沥青路面；每逢"六一"儿童节向索库鲁克区和莫斯科区的孤儿院赠送礼物；向吉尔吉斯斯坦第三届世界游牧民族运动会捐赠30万索姆；购买75万索姆的材料，为道路沿线阿克苏村小学修缮校舍等。

"在吉尔吉斯斯坦疫情肆虐期间，我们向吉交通部捐赠了口罩、呼吸机等防疫物资。当地居民纷纷称赞'中国是我们的好邻居'，'感谢中国的朋友'"。张亮说。

黝黑的肤色是夏日辛劳最好的见证

政府好评连连

BK项目也得到了吉尔吉斯斯坦政府的认可，项目开工后，吉尔吉斯斯坦总理、交通部部长和副部长多次到BK项目视察和指导工作。张亮说，吉尔吉斯斯坦交通部与中铁五局2020年11月签订了增项7.4千米的合同协议，这就是对项目工作的最大肯定。

此外，吉尔吉斯斯坦交通部为中铁五局的五名员工颁发了道路工程师奖，为张亮颁发了道路工程师勋章。2021年11月，中铁五局驻吉分公司收到了吉尔吉斯斯坦交通部发来的感谢信，这也是对项目工作最好的评价。

自2009年开始，张亮先后在非洲、东南亚、中亚工作过。他认为，海外项目与国内项目不同。在材料物资和设备方面，一定要提前计划和准备，充分的后勤保障是项目顺利执行的先决条件。施工中，还需要处理好与当地政府和民众的关系，确保施工工作能得到当地人的理解和支持，保障项目顺利完工。

2022年适逢中吉建交30周年。张亮说，建交30年是中吉两国友谊长存的见证，也是中吉两国合作、发展的新机遇。衷心祝愿中吉友谊更上一层楼，以开放、合作的态度迎接下一个30年，也祝愿中国的企业在吉尔吉斯斯坦的发展再上新台阶。

愿吉中关系越来越好

BK项目吉方员工也表达了对吉中建交30周年的美好祝愿。翻译阿克马拉尔·扎基波娃在BK项目工作刚满一年，这是她毕业后的第一份工作，一年来，她每天都能学到很多建筑领域的知识和专业术语，也积累了不少经验。

工作之前，扎基波娃有两年的中国留学经历，在她看来，中国人友好、乐于助人、勤奋，她也结交了很多中国朋友。她说，中国在道路、基础设施建设等很多项目上为吉尔吉斯斯坦提供了帮助，希望吉中合作越来越广泛，吉中友谊天长地久。

翻译阿基尔·扎基普巴耶夫与中国人共事已有6年，在中铁五局工作也有4年，多年的工作经历让他结识了很多中国朋友。他说，虽然部分朋友已返回中国，但直到现在他还和以前的中国同事保持着联系。

萨帕别克·卡涅特也是一名翻译人员，他说，他在中铁五局工作已超过10年，公司里有很多非常优秀的工程师，这份工作让他获得了很多道路和房屋建造领域的经验。

卡涅特从1999年就开始与中国人在一起工作，中国人的友好给他留下了深刻的印象，他结交了很多中国朋友。他说，中国是吉尔吉斯斯坦伟大的邻居，为吉尔吉斯斯坦在各领域提供了很多帮助，希望两国关系深入发展。

道路安全工程师布兰别克·朱马利耶夫在BK项目刚工作4个月，是吉尔吉斯斯坦内务机构的一名退休人员，退休前主要从事与道路监管相关的工作。他说，BK项目的工作让他了解了道路建设的整个过程，修路是一项相当复杂的工程，花费很大，需要非常专业的工程师。

他说，随着吉尔吉斯斯坦人口的增加，交通流量也在不断增长，道路基础设施的改善为人民生活带来便利，为国家和地区发展起到积极作用。

朱马利耶夫说，这不是他第一次和中国人一起工作，他很喜欢和中国人打交道，也有不少中国朋友。吉中建交30年来，各领域合作硕果累累，经济联系不断深化，各项合作是两国友谊的见证，希望中吉乌铁路早日建成，吉中关系越来越好。

"我们在外搞基建，代表的是国家形象"
——记中国工程师在吉筑路现场的一天

进入盛夏，吉尔吉斯斯坦人民迎来了一年一度的休假期，无论总统还是议员，抑或是普通民众，似乎一年中最快乐的时光就是到伊塞克湖享受凉爽的湖光山色。但现实中，并不是每一个人都有这样的闲暇时光，相反，他们正顶着炎炎烈日工作。

在前往伊塞克湖的途中，记者发现中铁五局吉尔吉斯斯坦海外分公司建筑工人们正在为吉民众出行奋战在一线，在他们的努力下，一条宽阔平坦的道路通向伊塞克湖湖边，方便了吉尔吉斯斯坦民众，带动了伊塞克湖的旅游，让更多的民众感受到了中国速度、质量和中国人的勤奋。

完美工程始于完美计划

一天早上，记者在中铁五局吉尔吉斯斯坦海外分公司BK项目驻吉项目经理张亮的带领下，走近这些可爱的人，了解他们的工作和生活。

在施工现场，张亮与另外两位中国工程师沟通当天的施工进度。"思路清晰、有条不紊"的交流扭转了记者对工地杂乱无章的印象。

张亮说，每天开工前，他们都会开碰头会，他们需要在每天早上7点左右计划好当天的工作，8点开工的时候才不会乱了阵脚。对作为项目经理的张亮来说，他要做的准备工作从前一天，或者更早的时候就已经开始。

他说，正是因为有详细周密的计划和精准的执行，中国的基建团队才能够在国内外完成了一个又一个的漂亮工程，并获得国内外同行的一致认可。

施工现场

为吉交通建设洒下辛勤汗水

在第一个施工点，大约有15人，三台机器在工作，包括摊铺机、压路机、洒水车。

张亮说，他们今天的任务量是完成1.5千米的第一层沥青路面的铺设。按照施工要求要铺三层，总厚度为24厘米。根据目前的施工进度，该项目预计能在2020年11月完工。

据了解，该路段是连接吉两大城市比什凯克和奥什的重要路段。通车后，双向6车道的崭新公路将大大缓解交通拥堵状况，缩短两地的交通时间，对促进区域间的经济联动具有重要意义，同时还可以带动沿线村庄的经济发展。

中铁五局吉尔吉斯斯坦海外分公司承建的连接比什凯克和奥什市的路段开建

　　在安排好第一个施工点的工作后，张亮要继续前往下一个施工点。在整个施工路段，目前有7支施工队在同时工作，每支施工队有不同的分工，包括铺沥青、平整路基、修筑涵洞、备料等。

　　张亮每天穿梭于这些施工队之间，随时督查工程进度，如果有机器故障或者需要人员调配，都需要他及时解决。每天要开车来回大约200千米。

融入当地社会，树中国国际形象

　　据悉，目前施工队人员主要来自本地，为当地解决了就业问题。中国技术人员还会教他们技术，让本地员工在这个项目完工后拥有一技之长。

　　"我从事这一行已经有10年了。这些年去过非洲、印尼、新加坡等地，修过的路总造价大约有1亿美元。无论走到哪儿，我的理念都是'授人以鱼，不如授人以渔'。能让吉尔吉斯斯坦员工在我们这里学到一技之长，对他们今后的发展也是有好处的。"在赶往下一个施工点的途中，张亮这样说。

在行进途中，张亮注意到有一段本应已经平整完毕的道路没有按时完成，他立即打电话给相关的负责同事询问情况，调派人员来解决。来到一处桥梁架设点时，张亮走上前去查看施工情况。土木工程专业出身以及多年的经验，使他能够敏锐地发现施工过程中的问题，并及时指出，以保证工程的质量。

"我们在外面搞基建，代表的是国家，如果质量不过关，影响的是国家的形象。所以在质量问题上，毫无妥协的余地，必须保质保量。"张亮说。

平凡岗位上不平凡的人生

上午的时间在忙碌中很快过去，转眼已是午饭时间，对常年在外工作的中国人来说，家乡味或许最能缓解思乡之情。所以，中铁五局吉尔吉斯斯坦海外分公司配备了中国厨师。

因中午休息时间短，很多人的午饭基本上都是在工地解决，厨师做好饭后，派人送到每个施工点。吃完饭有人会找个阴凉的地方小憩一会儿，或者是和当地员工聊聊天，虽然彼此的交流大多是靠肢体语言，但是时间久了，双方也都能够很好地相互理解，慢慢增进了感情。

"我们的项目刚刚开工时，附近的村民不是很支持，总有一些人聚集起来抗议。经过多次沟通，加上当地政府出面调解，很多人的观念转变过来。其中还有一些人主动要求到工程队工作，因为他们切实感受到中国人来这里是做实事，给他们的经济发展带来了希望。当地人与公司的关系也越来越融洽，这是我感受最深的变化。"张亮说。

"时间长了，也会觉得很枯燥。但生活不就是如此吗？把平凡的每一天过好了，工作上问心无愧，把家人照顾好，这样就已经很知足了。"

晚上7点，一天的工作基本结束。结束一天的跟踪采访，记者感到很疲惫，整个人似乎也黑了一圈。但张亮回到驻地，听取完每一处施工点的进度报告后，需要仔细做好记录，晚上还要安排第二天的进度任务。

2020年年初，一场突如其来的新冠疫情仿佛给整个世界按下了暂停键，一时间停工停产、共同抗疫成为全世界的主旋律。然而，随着疫情状况的好转，中铁五局也迅速开始研究复工复产。这也得到了吉尔吉斯斯坦政府的大力支持。

抗疫，我们在一起
——吉总理视察中铁五局，为在吉企业复工创造条件

新冠疫情之下，由中铁五局在吉尔吉斯斯坦承建的BK项目施工仍在有序进行，项目工作人员每天都要接受体温测量，班前疫情防控培训等，并对施工设备喷洒消毒液进行安全消毒。

BK项目经理张亮说，考虑到BK项目路段在吉尔吉斯斯坦民众的经济生活中起着非常重要的作用，在充分做好防护工作的前提下，项目部利用现有人员和设备继续组织施工生产，尽可能缩小因疫情造成的工程进度滞后的影响。

吉尔吉斯斯坦总理：努力为在吉企业复工复产提供条件

BK项目是比什凯克至奥什公路的重要组成部分，时任吉尔吉斯斯坦总理穆哈梅特卡雷·阿布尔加济耶夫、吉尔吉斯斯坦交通部长然纳特·别依申诺夫和楚河州州长阿尔滕别克·纳马扎利耶夫一行从BK项目的起点——比什凯克市出发，对项目施工情况进行了全面视察。

通过对该项目沿线各施工点视察，阿布尔加济耶夫对现场整体施工表示满意，对项目全体成员克服重重困难，尽最大努力开展安全施工的

工作表示肯定。

他指出，项目应兼顾疫情防控和有效施工两个方面，利用好因疫情防控路上车辆较少的机会，快速推进两个城镇路段的施工。

他表示，吉尔吉斯斯坦政府近期将就"外国专业人员如何返吉"问题召开会议，为吉尔吉斯斯坦多个重要领域的复工复产提供条件。同时，吉方将及时支付BK项目计量款，以推动项目全面复工复产。

时任吉尔吉斯斯坦总理穆哈梅特卡雷·阿布尔加济耶夫（左一）对 BK 公路项目
施工情况与进度进行视察，对现场整体施工表示满意

安全有序促生产，献爱吉方克时艰

据张亮介绍，新冠疫情刚开始，公司就预判疫情可能会对BK项目施工造成影响，他于2020年2月份及时返回吉尔吉斯斯坦，赶在中吉口

岸关闭前又安排14名中国工程师提前结束休假，返吉复岗。

中吉边境口岸关闭后，由于还在国内的工程师无法及时返吉，施工生产所需的设备配件也不能及时送达，导致项目部制定的2020年施工生产计划受到影响，但项目部利用现有设备物资，尽可能降低疫情造成的进度滞后的影响。

施工期间，BK项目部参照《中华人民共和国传染病防治法》《突发公共卫生事件应急条例》及相关规定，制定疫情日常防控手册和应急预案，开展疫情安全知识宣讲，做好员工每日身体状况监测以及设备消毒工作，还准备了专门的房间用于隔离。

张亮说，目前，项目有中方员工28人、当地员工307人，所有人员身体状况良好，已完成沥青混凝土摊铺35千米，沥青连接层摊铺23千米，在吉尔吉斯斯坦政府的支持下，项目部将力争优质高效地完成施工任务。同时，项目部还为项目所在地政府捐赠了一批防疫物资，与吉方各界共克时艰。

他表示，随着中吉边境伊尔克什坦口岸货物运输功能的恢复，BK项目施工所需的设备已经发出，正在等待清关。设备送达后，将大大加快BK项目的工作进度。

直击"中国速度"
——中铁五局为吉尔吉斯斯坦新北南公路建设提速

随着BK项目的完工，中铁五局团队又转战至吉尔吉斯斯坦新北南公路的建设。

2022年7月12日，吉尔吉斯斯坦新北南公路艾普钦至巴什库坎特标段部分路面沥青铺设工作正式开始。与此同时进行的还有全标段土方清理、涵洞管道预制、路基铺设等工作。

在平均海拔2000米的吉尔吉斯斯坦纳伦州山区，40名来自中铁五局的施工人员和近200名吉尔吉斯斯坦工人正在热火朝天地有序完成该路段建设。

来自中国的工人李宏已经在吉尔吉斯斯坦工作4年，这也是他在中亚地区参与基础设施建设项目的第7个年头。他在工地上主要负责涵洞管道预制工作，因为他技术好，对吉尔吉斯斯坦工人的求教都是倾囊相授，所以被当地人尊称为"师傅"。

"吉尔吉斯斯坦工人大部分都没有相关工作经验，但学习能力都很强，经过一段时间的学习后，他们便可以独立上手，也算学到了一技之长，对提高他们今后的就业能力和改善生活都有很大的好处。和他们在一起相处久了，大家也都成了很好的兄弟朋友。虽然语言不通，但是彼此的善良和真诚都能够感受到。"李宏说。

李宏的微信头像是一张他和当地朋友的合照，照片中两个壮硕的男人笑得很开心。

"尽管在吉尔吉斯斯坦我们已经有丰富的建设经验，通过此前比什凯克市政路网改造项目也培养了一批熟练的工人，但技术工人短缺仍是目前制约项目进度的主要问题之一。"中铁五局吉尔吉斯斯坦项目部经理张亮坦言。

据了解，该标段由中铁五局承建，总长度70千米。项目建设工作从2022年1月启动，年内计划完成20千米沥青铺设和全部土方清理工作。工程预计在2024年完工。

在沥青铺设现场，吉尔吉斯斯坦当地工人阿基尔别克告诉记者，自己家就在附近，这段路在几年前就已经开始修建，但是迟迟没有进展，反倒是因为破坏了原有的路面弄得整日尘土飞扬。"自从更换成中国公司建造后，我们每天都能看到路面在发生新的变化。他们做事很有计划，工作也很努力。相信很快就能看到崭新的公路。"

据吉尔吉斯斯坦交通部新闻办公室主任克雷奇别克介绍，该标段此前由一家意大利公司参与建设，而该公司在开工两年内未铺设1千米沥青。吉尔吉斯斯坦政府不得不重新招标，最终在吉尔吉斯斯坦有丰富项目建设经验的中铁五局于2021年9月中标。该项目由亚洲开发银行和吉尔吉斯斯坦政府共同出资建设。

据悉，新北南公路是吉尔吉斯斯坦目前在建的最重要交通基础设施之一。该公路的建设将进一步增强吉尔吉斯斯坦南北方联系，对推动该国经济发展具有重要战略意义。

14 | 深耕中亚沃土的典范
"亚洲之星"农业产业合作区

    由于农业生产技术相对落后，长期以来，与中国新疆接壤的吉尔吉斯斯坦冬季上市的新鲜蔬菜只有土豆、洋葱、西红柿等几种。2011年起，河南贵友实业集团赴吉投资建设"亚洲之星"农业产业合作区，为当地冬季餐桌送去了黄瓜、蘑菇等新鲜蔬菜，首都比什凯克家庭中，已有超过半数享用"亚洲之星"饲养的鸡。该合作区是目前在"一带一路"沿线中亚地区国家中产业链条完整、基础设施完善的农业产业合作区，已成为河南企业响应共建"一带一路"倡议，深耕中亚沃土的典范之作。

"亚洲之星"农业产业合作区

国家级境外经贸合作区，带动中吉农业合作

2016年10月，吉尔吉斯斯坦大部分地区已经开始飘雪，气温直逼冰点，阿依古丽在家煮好热腾腾的玉米后，又拿出带有"亚洲之星"标志的肉鸡准备烘烤。阿依古丽告诉记者，因为口感好又卫生，她家长期购买"亚洲之星"的鸡肉，而软糯的玉米也来自"亚洲之星"。

目前在吉每消费两只肉鸡，便有一只来自中国河南贵友实业集团筹建的"亚洲之星"农业产业合作区。经过5年发展，这一合作区因完善的基础设施、完整的产业链条，以及绿色生态的运营理念，成为当地农业产业合作的典范。2016年8月，中国商务部和财政部认定其为国家级境外经济贸易合作区。

合作区建设初具规模

"这里原本是苏联的养殖、屠宰、饲料加工厂，苏联解体后就逐渐停产荒废了。2011年过来接手时，这里是一片破败景象。"河南贵友实业集团总经理张保领说。

如今，合作区16.88千米围墙全部合拢，南北两条主干道通车，供电系统和变电站启用，此外还有两个污水处理厂，2000平方米办公用房，以及200平方米的一站式服务办公室。

2011年，河南贵友开始投资开发这个位于吉北部楚河州伊斯克拉镇的废弃企业园，建立了"亚洲之星"农业产业合作区，发展种植、养殖、屠宰加工、食品深加工等产业，以产业一体化发展、为更多企业提供境外集群式发展平台为宗旨，分三期进行规划建设。目前已有8家中国企业入驻合作区，完成了畜禽养殖、屠宰、加工、销售等一期项目

建设。

　　下一步，合作区计划进一步完善和开发牛羊屠宰生产线、食品深加工生产线、印刷包装、冷链物流等，以吸引更多企业入驻。

中国企业丰富了当地人民菜篮子

　　在比什凯克大巴扎里，"亚洲之星"出品的鸡肉、黄瓜、西红柿无论在批发站还是零售摊点都备受青睐，这大大丰富了当地人民的菜篮子，尤其是在冰封雪盖的冬季。

　　禽蛋制品是"亚洲之星"农业产业合作区目前的核心业务，合作区共拥有84栋种鸡、肉鸡、蛋鸡舍。专业成规模的禽蛋、鸡苗孵化，以及符合国际标准的屠宰，保证了合作区禽蛋产品的供应和品质。

　　张保领说，"亚洲之星"已被吉方认定为第一家规模化养殖加工企业。在比什凯克几个大型农产品批发市场，"亚洲之星"的禽肉产品已占市场份额一半左右。

吉尔吉斯斯坦人冬天能吃上产自"亚洲之星"的中国黄瓜了

在300米长的蔬菜冬季大棚里，中国农业专家在持续指导当地农民种植蔬菜。在食用菌栽培室，一朵朵食用菌长势喜人。张保领告诉记者，搭建冬季大棚、建设食用菌栽培室需要资金和技术投入，大棚和栽培室内温度的控制、病虫害的发现和处理、蔬菜和食用菌收割时机的掌握拿捏都关系着蔬菜和菌类的品质。

更值得一提的是，"亚洲之星"很好地利用了合作区优势，摈弃化肥，而将合作区养殖的鸡、羊粪便制成有机肥，在合作区内部形成生态农业良性循环。

中吉农业合作项目获吉尔吉斯斯坦官员"点赞"

随着中吉两国企业合作的不断升级，合作区牛育肥、牛羊屠宰及深加工项目正在加速推进，熟肉制品加工、冰酒酿造、沼气发电、冷链物流等项目也将陆续展开。

吉代理第一副总理阿布尔加济耶夫在考察合作区的高产玉米后，为"亚洲之星"点赞，并希望合作区能产出更多优质绿色产品。

吉经济部国家投资和出口促进署与亚洲之星股份有限公司签署经贸领域合作备忘录

张保领表示，合作区乘着共建"一带一路"倡议的东风，把中国先进的技术、设备和管理与吉丰富的土地和农牧资源结合起来，积极促进当地农业经济发展和产业升级，着力打造中吉最具合作潜力的农业产业合作项目。

合作区附近村民谢尔巴·卡里莫维奇告诉记者，由"亚洲之星"育种的玉米已成为他家主要经济来源。通过种植玉米再返销"亚洲之星"，他们有了更加稳定的经济收入，当地村民都希望能有更多的中国企业来到合作区。

2017年1月，吉尔吉斯斯坦多部委领导赴"亚洲之星"农业产业合作区考察，吉经济部国家投资和出口促进署与亚洲之星股份有限公司签署经贸领域合作备忘录。这意味着"亚洲之星"在进出口和内贸方面将获得吉更多行政和政策上的支持。

将直接提供工作岗位 1 万余个

贵友集团董事长张金洲表示，目前，吉牧场闲置率很高，下一步他们计划从中国引进小尾寒羊等新品种来完善吉肉类市场。同时，完善和开发牛羊屠宰生产线、食品深加工生产线的工程即将动工。

"从中国引进新品种，吉尔吉斯斯坦本地的农牧民可以来养殖。这样解决了牧场闲置问题。既满足我们的屠宰场需求，也让这些农牧民收入有所提高。同时，引进新品种时，我们一定会严格遵守吉的检验检疫等一系列标准。"张金洲谈道。对此，吉尔吉斯斯坦国家动植物检疫局局长卡雷斯别克·朱玛坎纳夫表示赞同。

此外，"亚洲之星"所在地政府官员提出了员工就业问题，这也常常是中资企业在海外投资过程中需要与当地政府协商解决的问题。

张金洲表示，目前"亚洲之星"吉方员工400多名，其中包括10多名中层领导。在未来规划中，中方员工会在必要的技术、管理岗位出现，90%都将是吉当地员工。"亚洲之星"将直接提供工作岗位1万余个，加上之前提到的带动农牧民养殖，预计刺激就业15万人。

此前因经营不善而失业的肉鸡屠宰场主管热尼娅说，感谢中国企业让她重新就业。"我已经在养鸡场干了5年多了，中国人不错，跟他们相处很愉快。我喜欢工作，有工作，有钱挣挺好的。"

中国与中亚各国农业合作前景可期

吉尔吉斯斯坦非常愿意和中国加深农业，特别是绿色农业合作。据吉尔吉斯共和国驻华使馆二等秘书别克博耶夫·丹尼尔介绍，吉尔吉斯斯坦是个农业国家，农业占GDP的份额很大。国家很重视发展绿色农业，可向中国出口的农产品有樱桃、甜瓜、面粉、奶制品、马匹、蜂蜜等。

近年来，不少中国企业赴中亚五国投资发展。截至2021年年底，中国对中亚五国农业投资存量近4亿美元，雇用当地员工近3000人，合作项目涵盖小麦面粉及植物油脂加工、牛羊养殖及屠宰加工、棉花种植及纺织品等多个领域，为当地农业发展贡献了力量。

2023年2月，首届"中国+中亚五国"产业与投资合作论坛国际农业合作分论坛在中国青岛举行，中国—上海合作组织地方经贸合作示范区管理委员会一名官员称，农业合作一直是中方与中亚各国务实合作的重点。各方围绕农产品加工转型升级、农业国际贸易发展、农产品价值链提升、生态和绿色农业等领域不断拓展合作规模、提升合作质量。为促进各方经济融合、发展联动、成果共享奠定了良好基础。

15 | 中吉乌铁路建设 20 余年后终见曙光
吉总统扎帕罗夫：建设中吉乌铁路意义重大

"中吉乌铁路建设将成为欧亚铁路网中亚段的重要环节之一。"扎帕罗夫在谈到实现中亚地区的互联互通时表示。

扎帕罗夫指出，中亚地区具备成为世界贸易枢纽的地理条件，该地区已加入包括上海合作组织在内的多个国际组织。欧亚大陆贸易持续繁荣，而中亚地区没有通往海洋的通道，这要求中亚国家必须提高陆路运输效率，建立新的运输走廊，为国家提供进入海港的机会。这是一项具有战略意义的任务。

他强调说："吉尔吉斯斯坦正在积极建设符合国际标准的公路运输基础设施。国内新北南公路正在建设中，它将成为国际运输动脉的一部分。"

他说，整个中亚地区需要看作是一个共同的经济空间，在互利互惠的基础上实现经济发展战略一体化。

中吉乌签署项目合作协议

"新冠疫情暴发后，一段时间内我们的生意受到很大冲击，特别是货物的运输面临很大的困难，严重时中吉两国口岸甚至积压了近百辆货车等待通关，这是导致两国贸易无法快速增长的重要原因之一。如果能够有一条铁路直通吉尔吉斯斯坦，那对我们来说将是极大利好。"一位在吉尔吉斯斯坦中国商品批发市场做生意的中国商人告诉记者。

173

2022年9月，上海合作组织撒马尔罕峰会期间，吉尔吉斯斯坦交通和通信部、乌兹别克斯坦交通部、中国国家发展和改革委员会签署了中国—吉尔吉斯斯坦—乌兹别克斯坦铁路（吉尔吉斯斯坦段）（简称"中吉乌"）项目合作协议。讨论了20多年的中吉乌铁路再次引起多方关注。

该协议规定，各方应协助顺利完成中吉乌铁路在吉尔吉斯斯坦境内沿"吐尔尕特—阿尔帕—马克马尔—贾拉拉巴德"路段建设项目的可行性研究。各方将积极配合，共同支持中铁第一设计勘察院在吉尔吉斯斯坦开展的可行性研究，可行性研究所有工作（包括评估时间）需在2023年6月1日前完成。三方计划均摊可行性研究费用，并就可行性研究的融资达成三方协议。

上述协议的签署标志着这一讨论20多年的交通项目有了实质性进展。该项目对中吉乌三国拓展交通物流能力，改善区域交通格局甚至经济格局都具有重要意义，同时也潜在影响着该地区的地缘政治格局。

中吉乌铁路吉尔吉斯斯坦段协议签署

中吉乌铁路是中欧班列南部通道的重要组成部分，全长约523千米，其中中国境内213千米，吉尔吉斯斯坦境内260千米，乌兹别克斯坦境内约50千米。

根据规划，中吉乌铁路项目拟从中国新疆喀什向西出境，经吉尔吉斯斯坦卡拉苏，到达乌兹别克斯坦的安集延。铁路建成后，自东亚到中东和南欧的铁路运距将较目前缩短约900千米，用时节省7—8天。

多国对中吉乌铁路项目表示兴趣

在中吉乌铁路项目合作协议签署后，多国迅速就此做出反应。2022年10月12日，在比什凯克举行的吉尔吉斯斯坦–伊朗商业论坛上，伊朗驻吉大使赛义德·哈拉齐提出了将中吉乌铁路延伸至伊朗的问题。

"伊朗有兴趣与吉尔吉斯斯坦建立贸易和经济关系。要增加贸易量，首先要解决物流问题。为此，我们可以将中吉乌铁路延伸到伊朗。吉尔吉斯斯坦将可以获得向西的出海口。"哈拉齐说。

阿塞拜疆同样对该项目建设表达了期待。"建设通往里海的中吉乌铁路将增加该地区的贸易量并降低该地区的货物运输成本，成为欧亚大陆中间走廊的一部分。"2022年10月11日，阿塞拜疆总统伊利哈姆·阿利耶夫在比什凯克与吉尔吉斯斯坦总统萨德尔·扎帕罗夫会谈后发表的声明中说："中亚地区和里海西部地区实施的所有项目都是同步的，这样我们就可以计划扩大我们的港口运输能力。"

"既可以是南北走廊，也可以是东西走廊。其中，中吉乌铁路就是一个很好的选择。"乌兹别克斯坦政治学家、马诺研究计划中心主任巴赫蒂约尔·埃尔加舍夫表示，上海合作组织应把发展跨欧亚大陆运输走廊作为主要和重点合作领域之一。

百年未有之变局下的"机会之窗"

据悉，中吉乌三国早在1997年便就修建一条连通三国的铁路项目签署备忘录，此后始终未有实质进展。20多年来，关于建设中吉乌铁路项目的讨论一直在进行，但各方长期以来无法达成一致。多年来，各方分歧点主要集中在路线、轨距、资金来源、国家安全、生态、地缘政治等方面。

线路问题最早于2008年得到解决，中国工作组与吉尔吉斯斯坦专家组最终确定了长约260千米的北线方案，即"吐尔尕特—阿尔帕—卡拉苏—安集延"线路，吉尔吉斯斯坦借此可以联通境内南北铁路网。

资料显示，独立30年来，吉尔吉斯斯坦未曾新建铁路。现有的巴雷克奇至阿尔帕线是沟通该国南北的重要通道，但线路老旧，目前吉尔吉斯斯坦已启动修复工作。因此，若能实现中吉乌铁路与该线路连接，则可大幅改善吉尔吉斯斯坦国内交通格局，在伊塞克湖州、纳伦州和奥什州之间形成铁路网。这也是多年来吉尔吉斯斯坦一直坚持中吉乌铁路北线方案的主要考量。

长期以来，俄罗斯一直视中亚各国为其天然盟友，但从地缘政治上考虑，再新增一条连通中国与中亚的铁路线，无疑会让俄罗斯感到压力。中亚各国现有铁路均采用与俄罗斯相同的宽轨矩，而中国则采用窄轨距。采用何种轨矩，看似是一个技术性问题，实则反映的是中俄在中亚地区的竞争和影响力。

至于资金、国家安全、生态环境等问题则主要是吉尔吉斯斯坦国内各政治力量和派系之间的角力。此时，就需要一个具有强大政治意愿和实力的政权来平衡各方。

自扎帕罗夫担任总统以来，一直将中吉乌铁路建设作为国家发展的重大战略项目推动。他曾在不同双边和多边国际场合不断重申和强调该项目建设对吉尔吉斯斯坦乃至中亚地区的重要性。

2022年11月25日，扎帕罗夫在吉尔吉斯斯坦首届全民库鲁泰会议上强调，中吉乌铁路为国家在未来获得大量收益和吸引外国投资创造有利条件。

吉尔吉斯斯坦工人修复国内现有铁路

共建"一带一路"的必然之选

从欧亚大陆交通格局来看，中吉乌铁路是"新亚欧大陆桥"规划的重要补充，借此可以把中国和里海、咸海平原地区连通起来。铁路进入中亚平原地区之后，下一步无论是绕里海南面的伊朗方向，还是继续绕北面从哈萨克斯坦、俄罗斯去欧洲，中国都有更多的选择。

目前，中欧班列到达欧洲途中需经过俄罗斯，俄乌冲突以来，俄罗斯受到欧盟一系列制裁，使欧亚大陆交通运输通道受阻，中欧班列运行也面临不利影响。中吉乌铁路一旦建成，将直接到达西亚和欧洲，有利于欧亚之间的可持续铁路贸易。

此外，目前中欧班列线路约有88%的货运量过境哈萨克斯坦，中吉乌铁路作为多样化的路线选择之一，有助于保障亚洲与欧洲之间陆上主要通道的畅通，推动高质量共建"一带一路"。

吉尔吉斯斯坦政治学家伊戈尔·舍斯塔科夫表示："随着'一带一路'倡议得到了越来越多国家的支持，一批实质性成果让各国共享发展机遇。中吉乌铁路建设作为一个对进一步改善欧亚大陆交通状况意义深远的项目，受到各方关注。"

中吉乌铁路建设面临的挑战

扎帕罗夫在吉尔吉斯斯坦首届全民库鲁泰会议上还说，从吉尔吉斯斯坦独立初期就在讨论这条铁路项目，但过去由于一些政治利益问题而未能实现。

毫无疑问，中吉乌铁路项目的重点和难点都在吉尔吉斯斯坦。该铁路线在中国和乌兹别克斯坦的部分几乎是现成的，吉尔吉斯斯坦段不仅建造工程复杂，同时还面临融资问题、媒体舆论问题等，关于以上问题也成为包括吉尔吉斯斯坦社会各界在内的中亚政府、机构、智库和民众普遍关心和热议的话题，一些势力也期望从中谋取利益。

例如在2022年9月下旬举办的一场圆桌会议上，吉尔吉斯斯坦前总统候选人、经济学家阿依明·卡森诺夫说，中吉乌铁路项目对吉尔吉斯斯坦没有好处。

吉尔吉斯斯坦交通部副部长乌兹巴耶夫在接受媒体采访时曾表示，单纯从建设成本考虑，该项目已不能再拖下去。项目最初的预算是耗资15亿美元，目前已增加到45亿至50亿美元。

"继续拖延下去，成本只会不断增加，预计会增加到约80亿美元。

那时将更难找到合适的投资者和投资方式。"乌兹巴耶夫说。

吉中亚区域经济合作研究所前所长、经济学博士库巴特·乌姆尔扎科夫的态度则比较积极。他表示，中吉乌铁路将使吉尔吉斯斯坦实际收入平均增长4.4%—4.9%。同时，铁路的建设和后续运营实施意味着需要建设桥梁、隧道、火车站、物流中心，将为吉尔吉斯斯坦民众提供大量的就业岗位和发展机遇。但他也说，中吉乌铁路建设已经讨论了23年，该项目建设长度约260千米铁路，估计成本约为50亿美元。对吉尔吉斯斯坦来说，资金是一个很大的问题。

中吉乌铁路建设前景广阔

30年来，中国已成为吉尔吉斯斯坦主要经贸伙伴之一。双方在能源、交通运输等领域已成功合作多个项目，这有助于增强吉能源、运输和物流业发展潜力。中吉乌铁路建设项目的实施，能充分激发中亚地区过境潜力，是推动"一带一路"愿景落实的重要环节。

中吉两国之间的关系是睦邻友好合作的典范，它建立在高度互信、相互尊重、在广泛的国际和地区问题上维护彼此利益和共同发展基础之上。

鉴于欧盟各国与中国之间贸易量不断增长，中欧之间贸易的铁路运输量也有了显著的增长。未来中亚将在保障欧洲与中国之间的贸易流动和中转方面发挥重要作用。

由于技术水平的提升，铁路运输成本不断降低。同时，过境便利化和新运输走廊的建立，以及中国经济及其西部大开发政策和"一带一路"倡议客观上刺激了铁路运输量的增长需求。

"一带一路"倡议促进物流业快速发展

未来，中国希望通过陆路通道扩大原材料来源，丰富中国产品进出口运输路线。中吉乌铁路还涉及在过境国发展运输和物流基础设施，为中国商品和服务的畅通无阻提供有利条件，包括简化海关措施和货币制度。

据预测，2016—2040年，东亚国家与欧盟之间贸易量将增长80%，约300万标准箱货物将从海运和空运转移到铁路运输，这将意味着每天有50—60列火车往来。

中吉乌铁路运行后，中国到中东和南欧的交通距离将减少约900千米，货物交付时间将减少7—8天。中国的货物将更快地运送到欧洲、中东和波斯湾港口，同时降低运输成本。

吉尔吉斯斯坦和乌兹别克斯坦可以借此进入中国和东南亚等国市场。吉、乌两国可成为旅客、货物过境安全且受欢迎的中转国。

此外，吉尔吉斯斯坦还将获得连接该国北部和南部的铁路网络。据世界银行专家称，投资铁路建设的好处是降低运输成本、改善市场准入、增加劳动力流动性，以及创建产业集群、加快城市化。

吉总理：资金不是问题，中吉乌铁路 2023 年开建

2023年4月27日，在第二届塔什干国际投资论坛上，吉尔吉斯斯坦总理阿·扎帕罗夫在发言中表示，中吉乌铁路项目的实施将打破中亚地区的运输僵局，并将该地区与约40亿人口联系起来。他还概述了中亚的竞争优势。

阿·扎帕罗夫说，中吉乌铁路的建设将带领"我们地区走出运输僵局"。

对于外界关心的中吉乌铁路建设资金问题，他表示，资金问题已基本得到解决，项目有望在2023年秋季开始建设。

吉尔吉斯斯坦总理阿·扎帕罗夫

中吉乌铁路是通往稳定和繁荣的道路，媒体宣传报道责任重大 [1]

不久前举行的中国和中亚领导人峰会，为构建中国–中亚命运共同体奠定了坚实的基础，中国国家主席习近平和吉尔吉斯斯坦总统萨德尔·扎帕罗夫签署了20多份双边文件，为两国新的合作奠定了基础。与此同时，中亚各国间关系不断加强，边境安全问题得到解决，新的物流通道正在建设，相互间贸易不断发展。

我们所做的这些努力都是为了确保地区的发展、独立自主和稳定。各国领导人为此制定了合作方针，我们将以保障各国人民利益为目的建立公平和互利的关系。这些宏伟的计划和联合项目毫无疑问将使该地区变得更好。

吉尔吉斯斯坦以及中亚各国正在成为复兴丝绸之路的重要支点，丝

---

[1] 本节文章作者：吉尔吉斯斯坦卡巴尔通讯社社长，梅杰尔别克·舍尔梅塔利耶夫。

卡巴尔通讯社社长
梅杰尔别克·舍尔梅塔利耶夫

绸之路在历史上团结了各国，丰富了我们的文化，也是亚洲和欧洲之间主要的贸易桥梁。

现在，我们正处在新的发展机遇期，我们正在见证新的现代交通走廊的发展、经济繁荣，在共建"一带一路"倡议下，中亚各国的发展前景广阔。

媒体的任务之一，正是向民众介绍各国领导人发起各项倡议和构想的创造性意义和重要性。我们要向广大民众广泛、通俗地传达中国同中亚国家建立高水平战略伙伴关系的宗旨和目标。例如，我们必须详细地告诉公众，即将建设的大型基础设施项目带来的好处。

对于吉尔吉斯斯坦来说，中吉乌铁路的建设将以最短的路径连接亚洲运输系统与欧洲大陆的部分地区。在中国的支持下，吉尔吉斯斯坦正在建设基于绿色技术的发电厂，其中既有建于山区河流上的传统水力发电厂，也有能够为整个城市供电的太阳能发电站。借助绿色能源可以实现重大经济突破，创造数千个新的就业机会，也是发展高科技产业所必需的。

对于中亚来说，这是通往稳定和繁荣的道路。因此，作为媒体代表，我们需要耐心、通俗易懂地向各国公民介绍，在习近平主席提出的"人类命运共同体"理念框架内，为复兴丝绸之路而实施的每一个项目。

在此我想回顾一下吉尔吉斯斯坦总统萨德尔·扎帕罗夫提出的观点："当前形势要求区域内国家加强政治接触，深化经贸合作，共同应对影响区域和平的传统和非传统威胁和挑战"。安全稳定、密切互动、开展多方位合作是中国-中亚实现自身发展的保证。

中亚与中国新的区域互动机制将成为一个具有权威性和创造性的区域合作模式，在该机制下将推行和平政策，积极发展贸易、经济、文化和人道主义合作。

后　记

　　值此"一带一路"倡议提出 10 周年之际，中国友谊出版有限责任公司策划出版《丝路友谊丛书》，并且将第一辑确立为中亚五国系列。哈萨克斯坦、吉尔吉斯斯坦、塔吉克斯坦、乌兹别克斯坦、土库曼斯坦五国位于中亚腹地，是贯通亚欧大陆的交通枢纽，自古就是丝绸之路必经之地，各方面位置重要，首批列为出版对象。本次出版的是丛书第一本《"一带一路"的友谊：中国企业在吉尔吉斯斯坦》。

　　本书在策划、组稿、采访过程中获得了多方支持。成立于 2015 年10 月的"丝路新观察"全媒体是注册于吉尔吉斯斯坦的唯一一份集中、俄、吉和东干文四种语言并面向吉全国发行的大型周报，每期发行送报下乡。自成立以来，全媒体始终秉持着促进中吉友谊、增进人民相互了解、构建中吉交流桥梁的传播理念，积极讲述中吉两国在新时代各领域友好交流的生动故事。参与本书采访的记者陈鑫、刘英和杨海博都是"丝路新观察"全媒体的资深记者，他们长期耕作于新闻行业，拥有丰富的经验和深厚的专业知识，对在吉中资企业进行了八年的跟踪报道。他们深入吉尔吉斯斯坦社会和中资企业，通过深入报道和精准观察，在本书中为读者呈现了珍贵的资讯和独到见解。

　　值此本书出版之际，在此由衷感谢本书总顾问中国社会科学院阿地里·居玛吐尔地教授、本书特邀策划中国柯尔克孜族企业家卓若·玛买提艾山先生。同时，也要感谢接受采访并为本书提供内容的企业、单位和个人。